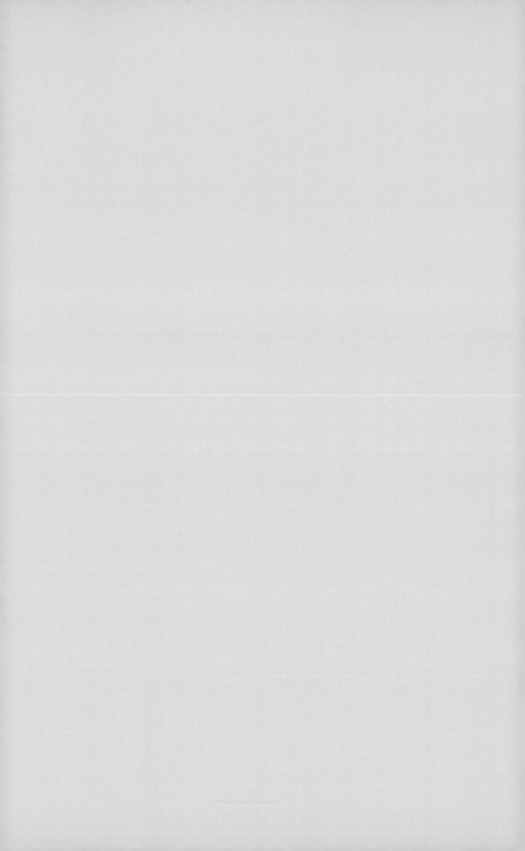

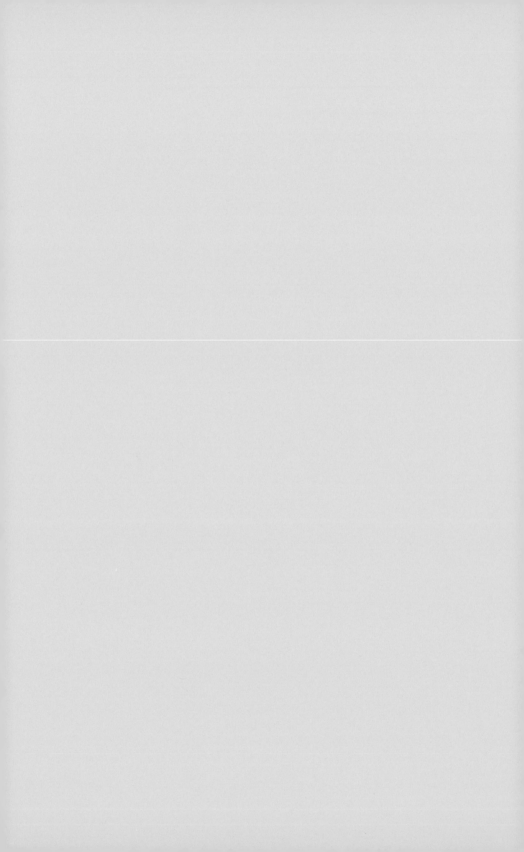

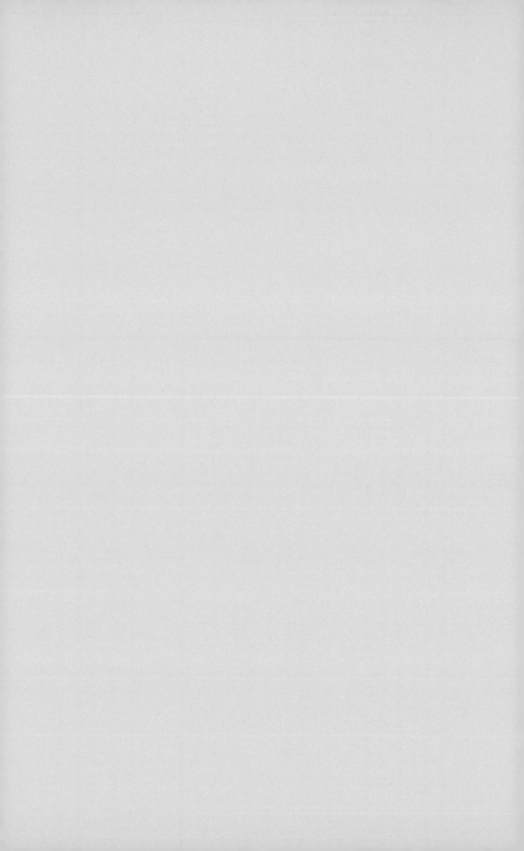

100년 체력을 위한 달리기 처방전

천천히 달리기의 과학

100년 체력을 위한

달리기 처방전

이슬기 지음

스포츠의학 교수 손성준, 양우휘 감수

현익출판

목차

Part 2. 천천히 달리기의 과학적 효과

프롤로그

어느 날, 발레를 배우는 7살 조카에게 물었다.

"어떤 운동이 제일 좋아?"

'발레'라고 답할 줄 알았던 내 예상과 달리,
1초의 망설임도 없이 조카가 대답했다.

"달리기!"
"왜에?"
"그냥! 기분이 좋아."

왜 달리기를 하면 기분이 좋아질까? 그것이 우리의 본능이기 때문이다. 그러나 원시시대와 비교했을 때, 우리가 걷고 달리는 거리는 절반도 채 되지 않는다. 인간의 가장 본능적인 움직임, 이 책은 그 움직임을 회복하도록 돕는 데 의의가 있다.

본능을 거스르며 지나치게 긴 시간을 앉아서 생활하는 현대인들의 체력은 자연히 약해질 수밖에 없다. 체력이 약해지니 각종 질병에도 시달리기 쉽다. 그렇다면 어떻게 해야 체력을 회복하고 몸을 좋아지게 할 수 있을까? '백 세 시대'라고 불릴 만큼 오랜 시간을 살아가야 하는 현대인들의 건강을 위해 꼭 필요한 과학적이고 체계적인 운동은 바로 천천히, 느리게 달리는 것이다.

천천히 달리기만 잘해도 몸을 튼튼하게 만들 수 있고 많은 질병을 예방할 수 있다. 필라테스 강사인 나도 체력강화를 위해 일주일에 두 번씩 꼭 천천히 달리기를 한다. 체력이 있어야 하고자 하는 일을 할 수 있고, 꼭 해야만 하는 일도 거뜬하게 해낼 수 있다. 우선 체력이 바탕이 되어야 무엇이든 가능하다.

더 건강한 몸을 만들기 위해 체중감량을 하려는 사람들도 많다. 그러나 그러한 노력에도 불구하고 성공하지 못하는 경우가 많은 이유는 단기간에 눈에 띄게 살을 빼려고 무리하게 식단을 제한하고 고강도의 운동만을 하기 때문이다. 건강한 몸을 만들고 체중을 감량하기 위해 필요한 것은 몸을 혹사시키는 프로그램이 아니다. 그보다는 평소에 자신의 몸을 사랑하고 꾸준히 관리하는 것이 중요하다. 천천히 달리기를 통해 지방을 잘 태우는 몸을 만들면 체중감량은 자연스럽게 이루어진다. 일주일에 두 번 즐거운 기분으로 천천히 달리면 누구나 지방을 잘 태우는 몸을 만들 수 있다. 시작만 하면 놀라운 변화를 느낄 수 있을 것이다.

Part 1에서는 천천히 달리기를 경험한 다양한 사람들의 사례를 다뤘다. 체력강화가 필수적인 운동선수들, 요요 없는 체중감량에 성공한 사람들의 이야기와 직접 천천히 달리기를 하며 기록한 나의 몸과 생활의 변화들을 담았다. 천천히 달리기는 임상적으로 그 효과가 입증된 운동 방법이다.

Part 2에서는 천천히 달리기를 운동생리학적으로 설명한다. 우리 몸의 생리학적인 작용을 이해하기 쉽도록 풀어 썼다. 천천히 달리기는 과학적인 근거를 갖춘 달리기 방법이다.

Part 3에서는 달리기를 효과적으로 하기 위해 필요한 것들과 달릴 수 있는 몸을 만드는 운동들을 심도 있게 다뤘다. 무작정 달리기를 해서는 원하는 목표를 이룰 수 없다. 자신의 몸에 맞는 달리기 강도와 방법을 알고 시작해야 한층 효율적으로 천천히 달리기의 효과를 얻을 수 있다. 또한 부상의 위험을 줄이고 꾸준히 달릴 수 있는 몸을 만드는 것도 중요하다. 사람의 몸 상태는 각기 다르기 때문에 자신의 필요에 맞게 참고하면 좋을 것이다.

이 책에는 그동안 내가 경험한 천천히 달리기의 효과와 루틴을 A부터 Z까지 모두 담았다. 몸의 면역력을 키우고 체력을 강화하며 요요 없는 체중감량을 돕는 천천히 달리기. 오늘부터 함께 시작해 보자.

Part 1.

저강도 유산소,
천천히 달리기

= 1 =
이게 운동이 된다고?

저강도 유산소 '천천히 달리기'를 처음 접하는 사람들의 반응은 대개 이렇다.

"이렇게 느리게 달리는데 운동이 된다고?"

내가 운영하는 유튜브 채널에 달린 댓글 중에서도 '밖에서 천천히 달리기를 하는데 모든 사람이 나를 앞질러 가는 바람에 뛰면서도 웃음이 나왔다'라는 내용이 있다. 그렇다. 천천히 달리기는 "이게 과연 운동이 될까?"라는 의문이 들 만큼 아주 느린 속력으로 달리는 저강도 유산소 운동이다.

같은 강도를 유지하며 할 수 있는 유산소성 운동에는 걷기와 달리기, 수영, 사이클링 등이 있다. 그중에서도 저강도로 지속하기에 편한 운동이 바로 달리기다. 저강도 운동은 운동을 마친 뒤에 간단하게 하는 '회복 운동' 정도로 알려져 있다. 하지만 따로 시간을 내어 1시간을 지속해서 하는 저강도 유산소 운동, 그 안에는 엄청나게 놀라운 효과들이 있다.

나 역시 이 효과와 원리를 자세히 알기 전까지는 저강도 운동을 하지 않았다. 그러다 대학원에서 저강도 유산소와 천천히 달리기에 대해 알게 되었다.

"체력을 회복하고 강화하는 저강도 유산소!" 생리학 시간에 교수님은 과학적인 증거를 보이면서 열띤 강의를 하셨다. 그러나 대부분이 트레이너인 수강생들의 반응은 생각보다 미적지근했다. '천천히 달리는 것'은 대중성이 없다는 반응이었다.

하지만 나는 마치 투사와도 같은 교수님의 열정에 감동했고, 호기심이 생겨 실기에 적극적으로 참여하기 시작했다. 이미 다양한 운동을 주기적으로 하고 있어서 나름 살면서 최상의 몸을 가진 상태였다. 체력에도 자신이 있었고 객관적으로 측정도 해 보고 싶었다.

'내 심폐지구력은 얼마나 되려나?'

그런데 웬걸, 내 심폐지구력은 생각했던 것만큼 좋지 않았다. 심폐지구력은 근력 운동만으로도 어느 정도까지는 좋아질 수 있지만, 반드시 유산소 운동을 추가로 해야 한다. 지구력 운동이 따로 필요한 것이다.

심폐지구력은 내 몸이 산소를 얼마나 잘 쓰느냐에 달려 있다. 산소를 잘 쓰려면 평소에 지속적인 운동을 통해 산소를 잘 사용해 보는 것이 중요하다.

나는 그렇게 심폐지구력의 측정과 운동 처방을 통해서 천천히 달리기를 시작하게 되었다. 천천히 달리기를 시작한 이후, 내 삶에는 많은 변화가 찾아왔다.

다른 저강도 운동과 비교했을 때, 아직은 그 효과가 많이 알려지지 않은 '천천히 달리기'에 대해서 최대한 쉽게 풀어 보려고 한다. 모두가 직접 운동생리학 연구실에서 신체 능력을 측정해 볼 수는 없겠지만, 그동안의 데이터를 토대로 한 다양한 사례들을 통해서 자신에게 맞는 천천히 달리기의 가이드라인을 얻을 수 있을 것이다.

토끼와 거북이의 경주

토끼와 거북이의 오래달리기 경주가 시작되었다. 평소 토끼는 빠르게 달렸고, 거북이는 느리게 달렸다. 오래달리기임에도 불구하고 속력을 자랑하고 싶었던 토끼는 깡충깡충 빠르게 달렸다. 그리고 30분도 안 되어 달리기를 멈췄다. 숨이 차고 노곤해져서 쉬어야만 했기 때문이었다. 당이 떨어졌던 걸까? 잠시 쉬려고 했던 토끼는 그 자리에서 스르르 잠이 들고 말았다.

한편 거북이는 느리게 달렸다. 거북이의 달리는 모습을 본 주변 친구들은 "저게 달리기야?" 하며 피식 웃음을 지었다. 하지만 거북이는 토끼처럼 숨이 차지도, 피곤하지도 않아 계속 달릴 수 있었다. 신선한 산소가 계속해서 거북이의 몸속으로 들어와 근육 안의 에너지를 만들어 내는 미토콘드리아 공장을 통해 합성되었다. 거북이는 지치지 않고 오래 달릴 수가 있었다.

◆ 최대치로 달리고 완전 휴식하는 토끼

운동 중간에 앉거나 누워서 쉬는 것은 '완전 휴식(수동적)'이라고 하고, 걷거나 가볍게 뛰면서 쉬는 것은 '불완전 휴식(능동적)'이라고 한다.

운동 중 완전 휴식을 하게 되면 체력이 회복되는 시간이 더디다.

일반적으로 피로물질이라고 알려져 있는 젖산은 체내에서 젖산염의 형태로 존재하며, 운동 강도가 높아질수록 수치가 올라가고 적당한 운동을 통해서 에너지원인 당으로 전환된다.

젖산염은 혈액에서 나와 전신으로 퍼지는데, 이때 심장의 근육과 지근섬유slow-twitch muscle fiber(약한 강도에서 운동할 때 활성화되는 근육)에서 산화된다. 그런데 움직이지 않고 가만히 있게 되면 혈액량이 적어져서 젖산염의 확산이 지연되고 결국 회복이 더뎌지게 된다.

◆ 천천히 꾸준히 달리는 거북이

반면에 불완전 휴식을 하는 경우 좀 더 빠르게 회복할 수 있다. 불완전 휴식으로 가볍게 움직임을 주면 젖산염이 빠르게 온몸으로 확산되어 젖산염을 산화하는 근육으로 옮겨 간다. 아주 약한 강도의 걷기와 같은 움직임은 심장 박동을 안정시키고 젖산염 수치를 좀 더 빠르게 감소시킨다. 가벼운 움직임으로 인해 근육에 산소가 필요하게 되어 젖산염이 재합성되기 때문이다.

2

왜 천천히 달리기인가?

우리가 처음 달리기를 시작했을 때를 생각해 보자. 아주 어린 시절 달리기를 시작할 때 우리는 무조건 빨리 달리기 위해서 전력으로 질주하며 숨을 헐떡이곤 했다. '달리기'라고 하면 결승선에 빨리 들어가는 것이 목적이었기 때문에 '어떻게 하면 더 빠르게 달릴까?' 하는 생각에 집중했다. 하지만 에너지 회복력을 강화시켜서 이전보다 더 나은 기록을 내기 위해 훈련을 해야 한다면 어떻게 달려야 할까?

깊이 들어가기 전에 먼저 가볍게 아래의 그래프를 보도록 하자. 보통 대중들에게 젖산은 피로물질이라고 알려져 있다. 그 이유는 운동 강도가 높아짐에 따라 젖산이 젖산염의 형태로 체내에 쌓이기 때문이다. 젖산염은 운동 강도가 높아질 때 우리가 흔히 알고 있는 무산소성 운동 에너지로 많이 쌓이게 된다.

체내의 젖산염 수치는 두 지점에서 크게 증가한다. 하나는 막 쌓이기 시작하는 지점이고, 다른 하나는 급격하게 쌓이는 지점이다. 두 지점 사

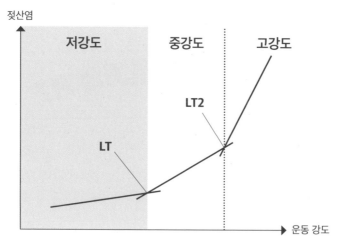

젖산염

저강도　　　중강도　　　고강도

LT2

LT

운동 강도

| 젖산염 역치

이의 구간을 보통 중강도라고 보고, 그 이전과 이후를 각각 저강도와 고강도로 나눈다.

　우리가 운동하려는 강도는 젖산염이 쌓이기 시작하는 지점 바로 직전까지! 이 지점을 젖산염 역치, LT Lactate Threshold라고 한다. 젖산염이 증가하는 문턱 바로 이전의 강도로 운동을 해 주는 것이다.

　사람마다 이 영역대가 다르고, 지구력 운동에 능숙할수록 그래프가 옆으로 밀려서 젖산염이 쌓이는 지점이 늦어진다. LT의 강도는 옆에 있는 사람과 대화할 수 있을 정도로 편안한 강도이다. 이 영역대에서 주기적으로 달리기를 해 주면 근육 안에서 산소가 더 잘 사용되어 체력을 회복하고 강화할 수 있다.

　고강도 운동의 이점은 최대산소섭취량이 향상된다는 것이다. 그러나 최대산소섭취량은 숙련자가 될수록 높이기 어렵다는 한계가 있다. 이에 비해 젖산염의 역치 구간은 저강도 운동을 통해 지속적으로 개선할 수 있다. 또한, 저강도 운동은 비숙련자가 몸에 부담을 주지 않고 시도할 수 있으며 면역도 키워 줄 수 있다.

인간을 가장 인간답게 하는 본능은 지구력!

지구상의 생물 중에 가장 멀리 이동할 수 있는 생물은 과연 무엇일까? 답은 바로 인간이다. 지구력은 인간이 다른 동물과 비교해 유일하게 체력적으로 우위에 있는 부분이다.

다른 동물과 비교했을 때 인간의 가장 큰 장점은 장시간 움직여 이동할 수 있다는 점이다. 인간의 힘과 속력은 동물과 상대가 되지 않을 정도로 약하지만, 그럼에도 불구하고 인간이 동물을 사냥하고 생존할 수 있었던 이유는 바로 지구력에 있었다. 즉, 쉬지 않고 걷고 달릴 수 있었기 때문이다.

사람은 땀구멍이 있어서 피부로 땀을 내어 열을 배출할 수 있지만, 동물은 열 배출을 할 수 있는 땀구멍이 없어 대부분은 오로지 폐에 의존한다. 강아지를 산책시킬 때 강아지가 헥헥대는 것은 입을 통해 열을 배출하기 때문이다. 열을 배출하는 기능이 상대적으로 약한 동물들은 중간에 꼭 휴식을 취해야 한다.

이에 반해 사람은 쉬지 않고 장거리를 이동할 수 있다. 유일하게 쉬지 않고 땅에서 움직여서 이동할 수 있는 생명체가 바로 인간이다. 이러한 본성처럼 인간은 오래 걷고 뛰어야 건강하도록 설계되어 있다.

체중감량의 시작은 체력 회복부터!

초보자들은 고강도 이전에 저강도부터,
이미 운동을 하고 있다면 저강도와 고강도를 병행하자.

요즘 '메타인지'에 관심 있는 사람들이 많다. 메타인지는 자신을 객관화하는 능력이다. 운동에도 이러한 메타인지가 필요하다. 내 몸을 객관적으로 보고 어떤 상태인지 인식할 수 있어야 한다.

현재 체중감량이 필요한 상태라면 우선 체력을 회복하는 것이 첫 번째이다. 그동안 필요한 만큼의 움직임이 이루어지지 않은 상태로 보고, 움직임부터 시작해서 먼저 체력을 회복해야 한다. 체력 회복이 필요한 상태에서 갑자기 과하게 운동을 하면 몸이 할 수 있는 최대치를 넘어서기 때문에 부상 확률이 높아지고 운동 자체도 즐겁지 않다.

또한, 신체적 활동을 많이 하지 않던 초보자가 갑자기 고강도의 운동을 하게 되면 에너지 대사 측면에서 봤을 때 지방을 잘 태우지도 못한다. 몸은 항상성이 있어서 현재의 상태를 유지하려는 경향이 강하다. 운동은 몸에 스트레스를 주는 것이므로 적당한 선을 지키며 천천히 강도를 높이고, 운동 후에 적절한 휴식도 취해 주어야 한다.

체중감량에서 저강도는 무쓸모?

체중감량은 섭취하는 열량보다 소비하는 열량이 클 때 이루어진다. 그래서 보통 체중감량을 목표로 하는 경우, 최대한 적게 먹고 많은 칼로리를 소비하려고 한다. 저강도 운동은 총 칼로리 소비량이 적기 때문에 소비하는 지방의 양도 적은 편이라 마치 쓸모가 없는 것처럼 느껴지기도 할 것이다.

하지만 다른 관점으로 보면, 체력을 회복하고 지방을 태우는 능력 자체를 향상하기 위해서는 저강도 운동을 반드시 해야 한다. 중~고강도 운동으로 탄수화물을 과하게 많이 사용하게 되면 에너지 대사에 꼭 필요한 탄수화물이 고갈되어 면역과 체력에 부정적인 영향을 줄 수 있다. 저강도 운동의 총량(운동 시간과 횟수)을 늘리게 되면 고강도로 짧은 시간 하는 운동보다 더 많은 칼로리를 소비할 수 있다.

질병관리청에 의하면 연간 체중조절 시도율(최근 1년 동안 체중을 줄이거나 유지하려고 노력한 사람의 비율)은 2020년 65.8%로 최고점을 찍었다. 통계청의 「사회조사」에서 신체 활동으로 스트레칭, 걷기, 달리기, 요가 등을 주기적으로 하고 있다는 응답률은 2010년 이후 계속해서 상승했으며 근력 운동, 팔굽혀펴기, 윗몸 일으키기, 아령, 철봉 등의 운동을 주 2회 이상 실천하는 확률도 꾸준히 상승했다.

그런데 코로나로 인해 실내에 갇혀서 생활하다 보니 2020년 유산소 신체 활동률은 45.6%를 기록하며 최하점으로 떨어졌다. (이때 유산소의 강도는 활기차게 걷는 정도인 운동 강도 3~5.9METs로 일주일에 2시간 반 이상 5시간 이하, 혹은 그보다 높은 강도로 1시간 15분 이상 2시간 반 이하로 운동하기를 권장한 2018년도 미국의 가이드라인을 기준으로 한다.) 보건복지부가 발표한 「국민건강영양조사」에서는 2015년에 33.2%로 증가한 이후 34% 내외로 꾸준히 비슷한 수준을 유지하던 비만율이 2020년 코로나 이후 38.3%로 전년 대비 4.5%P 증가한 것으로 나타났다.

체중을 줄이려는 노력도 많았고 주기적인 신체 활동에 관한 관심도 이전보다 증가했지만, 비만율은 급증했고 유산소 활동률은 줄어들었다.

이 통계치를 보면 우리에게 어떤 운동이 필요한지 쉽게 추측해 볼 수 있을 것이다.

근력 운동 또는 고강도 운동만으로도 물론 체중감량에 효과가 있지만, 체력이 회복된 상태가 아니라면 운동을 하더라도 요요가 올 가능성이 매우 크다. 그러므로 유산소 지구력 운동을 통해 에너지 대사를 개선해서 몸이 지방을 잘 쓸 수 있게 만드는 근본적인 해결책이 필요하다.

가장 기본적인 체력 요소, 심폐지구력

처음 근력 운동을 할 때 무거운 무게부터 시도하기는 쉽지 않다. 근지구력을 위해 적은 무게로 많은 양을 하면서 점차 무게를 늘려야 한다. 이때 적은 무게라고 함은 쉬지 않고 15번 이상 들 수 있을 정도로 아주 약한 강도를 의미한다.

처음 들 때는 "애개, 이렇게 약하게?"라는 생각이 드는 것도 잠시, 세트 수가 점점 늘어날수록 벅차다는 것을 느끼게 된다. 이처럼 약한 강도라도 시간이 쌓이고 쌓이면 운동량으로 보았을 때 엄청난 무게를 적은 횟수로 드는 것과 같은 양이 될 수 있다.

유산소 영역을 대할 때도 마찬가지이다. 지구력 운동은 말 그대로 장시간의 운동이다. 1시간 이상 유산소 운동을 해야 하는 이유이다. 특히 저강도 지구력 운동은 강도가 약하기 때문에 시간을 많이 들여 운동의 총 에너지를 맞추는 것이 중요하다. 저강도 운동을 30분씩 주 4회 시행한 그룹과 1시간씩 주 2회 시행한 그룹을 비교한 실험에서 심폐지구력의 효과가 나타난 그룹은 후자였다.

하지만 과연 느린 속력으로 천천히 달리는 것만으로 심폐지구력이 좋아질 수 있을까? 하는 의문이 들 것이다. 천천히 달리기의 가장 유익한 점은 바로 심장의 크기가 커진다는 것이다. 심장이 크면 한 번에 박출할 수 있는 혈액의 양이 많아진다. 따라서 운동을 할 때에도 빠르게 안정 시 심박수로 돌아올 수 있어서 체력을 회복하고 운동량을 늘리는 데 도움이 된다.

체력을 생각한다면 어떤 능력보다도 기초가 되는 지구력부터 키우는 것이 우선이다. 만약 지금껏 근력 운동에만 집중해 왔던 사람이라면 근력 운동과 유산소 운동을 골고루 하도록 하자. 체력을 전반적으로 향상하기 위해서는 강도가 들쭉날쭉한 저항성 운동뿐만 아니라 쭉 같은 강도를 유지하는 지구력 운동이 기반이 되어야 한다.

최근 신체 활동에 대한 코로나 중증도 비교 코호트 연구가 한국에서 있었고, 그 결과가 스포츠의학계의 저명한 저널인《영국 스포츠의학 저널British Journal of Sports Medicine》에 실렸다.

코로나 이전(2018~2019년도)에 신체 활동 수준을 평가하기 위해 총 21만 명이 건강검진을 받았다. 그중 코로나 검사를 받은 약 7만 6000명 가운데 코로나 양성반응이 나온 2295명을 조사한 결과, 2018년의 신체활동지침에 따라 유산소와 근력 강화 신체 활동에 모두 참여한 사람은 코로나 중증도 및 관련 사망위험이 낮았다.

또한, 2018년 가이드라인의 권장 사항에 따라 주 2회 이상 근력 운동을 하고, 활기차게 걷는 정도로 주당 2시간 반 이상 5시간 이하로 운동하거나 그보다 강한 강도의 운동을 1시간 15분 이상 2시간 30분 이하로 했던 그룹에서는 유일하게 입원 기간이 2일 단축되었다. 아예 운동하지 않은 그룹, 충분히 운동하지 않은 그룹, 과하게 운동한 그룹 등 총 세 개의 다른 그룹에서는 이 같은 효과가 나타나지 않았다.

코로나 시기 병상의 숫자가 굉장히 중요했던 것을 생각해 보면, 적당한 운동을 통한 체력 증진이 개인뿐만 아니라 사회에도 얼마나 큰 이점을 가져다주는지 알 수 있다.

일반인에게 처방된 천천히 달리기 속력은 남녀 평균 4km/h 이하?

이건 걷는 것도 뛰는 것도 아니야~

운동을 규칙적으로 하지 않는 그룹과 근력 운동만을 규칙적으로 하는 그룹의 경우에는 심폐지구력 유산소 LT를 측정했을 때 생각보다 큰 차이가 나지 않았다. 평소 주기적으로 달리지 않았던 일반인이라면 스포츠 엘리트 선수(달리기 외 종목)가 아닌 이상 남녀노소를 불문하고 적정 달리기 속력이 4km/h 이하로 생각보다 매우 낮게 나온다.

다음은 대학원생과 나의 회원들이 운동생리학 연구실에서 LT를 측정했던 결과이다.

측정 대상	LT
하루 평균 만 보 이상을 걷고, 고혈압이 있는 50대 후반 남성	2.9km/h
일주일에 두세 번 필라테스를 하는 60대 초반 여성	3.4km/h
평소 장시간 앉아서 생활하는 20대 중반 여성	2.2km/h
보디빌딩을 직업으로 하는 30대 초반 남성	3.2km/h
운동은 전혀 하지 않으며 자녀를 키우고 있는 30대 후반 여성	3.2km/h
주 2회 이상 PT, 30분 걷기를 하며 당뇨가 있고 복부비만인 50대 후반 여성	2.4km/h

일반적으로 천천히 달리기 속력을 1시간에 5~6km로 보지만, 처음 달리는 사람이 직접 그 속력으로 달리면 30분 이상 지속하기가 어렵다. 운동생리학 연구실에서 측정한 300명의 데이터를 토대로 보면, 그동안 달리기를 하지 않았던 일반인 대부분은 놀랍게도 LT가 4km/h를 넘지 못했다. 측정에 참여한 일반인 그룹에서는 나를 포함해서 아무도 없었다.

가장 정확도가 높은 측정 방법인 젖산염 측정 결과, 일반인 그룹에서는 주로 1시간에 2.3km~3km 속력의 천천히 달리기가 적절했다. 남자가 여자보다 빠를 것이라고 짐작할 수도 있지만, 선수가 아닌 일반인이라면 성별에 따른 차이는 거의 없이 비슷한 수치가 나온다. 일반인 대부분은 심폐지구력과 체력이 생각만큼 좋지 않다.

자, 이제 체력을 위해서 천천히 달리기를 해야겠다는 생각이 들지 않는가?

= 3 =

누구나 할 수 있고, 누구나 해야 하는
저강도 유산소

—천천히 달리기 사례—

주기적으로 유산소성 능력을 측정하고 처방된 속력에 맞춰서 천천히 달리기를 한 결과 심폐지구력이 향상된 사례들을 모아 보았다. 모두에게 일반화할 수는 없겠지만 충분한 참고용 가이드라인이 될 것이다. 먼저 꾸준하게 근력 운동을 하며, 강도의 자극이 지속적이지 않은 춤을 유산소 운동으로 삼고 있었던 나의 경우다.

필라테스 강사인 나의 천천히 달리기

원래 운동을 하고 있었던 사람, 자기계발을 위한 천천히 달리기

나는 무기력증을 극복하기 위해 운동을 시작했다. 한창 1년 이상 운동을 열심히 하면서 복근도 생겼기 때문에 나름 내 체력이 좋을 것이라고 예상했다. 하지만 측정 결과 내 심폐지구력이 생각보다 낮은 것을 보고 충격을 받았다. 당장 지구력 운동을 시작해야겠다고 다짐했고, 제일 쉽게 시작할 수 있었던 것이 천천히 달리기였다. 좀 더 강한 체력을 갖고 싶었고, 몸을 전반적으로 개선하고 싶었다.

체력을 타고난 사람들이 있는데, 나는 체력이 그리 좋은 편은 아니다. 운동 강사라는 직업을 택한 덕분에 몸을 계속 움직이면서 그나마 체력이 유지되고 있었다. 하지만 신경을 조금만 써도 소화가 안 되었고, 평소 혈액순환이 잘 안 되어서 손발이 찼다.

무용을 하면서 과도하게 스트레칭을 했었기 때문에 관절이 좋지 않았고 역류성 식도염이 생겨 속이 더부룩할 때도 많았다. 게다가 예전에 스키를 타다 다치는 바람에 허리가 좋지 않아서 장시간 앉아 있는 날이면 허리가 뻐근했다. 그래서 한 시간 이상 앉아 있지를 못하고 중간에 스트레칭을 해야 했고, 추가 근력 운동을 꼭 했었다. 아마 앉아서 근무하는 직업을 가졌다면 '찐 저질 체력'이었을 것이다.

◆ 운동을 시작하게 된 계기

"꼭 해야만 해." 이 생각이 무기력증의 시작이었다. 내 힘으로 어찌할 수 없는 코로나 상황 앞에 꼭 해야만 했던 일들과 스스로 세운 계획들이 수포로 돌아가는 것을 보면서—물론 내 잘못도 아니지만—나 자신의 무력함을 느꼈다.

'이때 이런 선택을 해야 했는데…'라며 지나간 상황과 감정들을 다시 생각하고, 느끼고, 곱씹고, 자책했다. 마치 블랙홀에 빨려드는 느낌이 들었고 그곳에서 헤어나오지 못하면 상황이 더 심각해질 것 같았다.

이 경험으로 나는 외부 환경을 통제할 수 없다는 사실을 처절하게 깨달았다. 유일하게 내가 원하는 대로 컨트롤할 수 있는 것은 내 몸과 내 정신뿐이었다.

운동은 나에게 피난처가 되어 주었고, 내가 생각한 대로 움직이고 체력도 좋아지면서 호기심 가득한 마음으로 주변을 돌아볼 여유를 되찾을 수 있었다.

체력이 왜 중요한가 하면, 우리의 몸과 마음은 하나로 연결되어 있기 때문이다. 운동을 통해 몸이 좋아지면서 생각들도 긍정적으로 바뀌는 것을 경험했다. 필라테스 강사인 나는 이 일을 계기로 '건강한 몸에 건강한 정신이 깃든다'라는 사명을 가지고 일하게 되었다.

필라테스를 '컨트롤로지Contrology'라고 하는데, 신체를 조절하는 능력을 뜻한다. 외부의 그 어떤 것도 내 마음대로 할 수 없지만 내 몸은 나 자신이 스스로 조절할 수가 있다.

◆ 12개월 동안 8번의 측정

일 년 동안 여덟 번이나 나의 심폐지구력을 측정하게 되리라고는 꿈에도 생각지 못했다. 측정할 때마다 고강도로 한계치까지 몇 번의 스테이지를 달렸다.

목표가 있었기에 귀찮아하지 않고 꾸준히 달리며 측정할 수 있었다. 변화하는 수치를 보면서 천천히 달리기를 계속할 원동력을 얻었고, 어떻게 체력을 효율적으로 키워야 할지 몸소 체험하면서 사람들에게 가이드라인을 제시해 주고 싶었다.

심폐지구력이 괜찮을 줄 알았는데 달리기 운동에 적응이 되지 않았던 까닭에 생각보다 속력이 나오지 않았다. 함께 측정에 참여했던 근육이 불끈한 보디빌더 선생님들도 심폐체력은 나와 마찬가지로 예상보다 좋지가 않았다. 근육 운동과 심폐지구력은 서로 다른 영역이라 별도로 지구력 운동을 해야 좋아지기 때문이다. 물론 근력 운동만으로도 어느 정도 최대산소섭취량이 좋아질 수는 있지만, 이는 회복 기전이나 체력 회복 능력과는 별개다.

◆ 처음 달린 날, 심박수가 너무 높네? 그리고… 생각보다 지루하지 않네?

3.4km/h로 처음 천천히 달리기를 하던 날, 심박수가 너무 높았고 '이렇게 달리는 게 맞을까?' 할 정도로 들쑥날쑥했다. 몸이 달리기에 적응이 안 된 탓이었다. 세 번째로 달릴 때부터는 심박수가 안정을 찾기 시작했다. 그러니 처음 달릴 때 심박수 요동을 치더라도 멈추지 말고 달리기를 바란다.

그리고 달리기를 하기 전에 '너무 지루하지는 않을까?' 하는 고민도 있었는데 막상 달려 보니 생각보다 지루하지 않았고 심신이 안정되면서 좋았다. 몸이 개운해지고 머리가 맑아지는 느낌이었다. 한 주에 두 번, 1시간씩의 운동으로 체력이 회복되고 강화된다고 하니 해 볼 만했다.

한 달 동안 주 2회씩 1시간, 총 8번을 달린 후 측정을 진행했다. 첫 측정 결과와 비교해 보니, 논문에서 이야기한 것처럼 확실히 좋아졌다. 본인의 고강도 운동 영역을 넘어가게 되면 측정이 종료되는데, 이번에는 좀 더 높은 속력으로 달린 것이다. 나에게 맞는 낮은 속력으로 한 달에 1시간씩 8번을 달렸을 뿐인데 체력이 강화되었다.

하지만 여기서 중요한 점은 첫 스테이지에서 달릴 때 젖산염이 줄어드는 회복 기전은 아직 생기지 않았다는 것이다. 그래서 같은 패턴으로 한 달을 더 달리게 되었다.

◆ 천천히 달리기 두 달 후, 회복 기전이 생기다

물론 사람마다 차이가 있지만, 대부분은 천천히 달리기를 시작하고 두 달 정도 같은 속력으로 달려야 몸이 적응해서 회복 기전이 나타나는 것으로 보인다. 운동은 스트레스에 대한 적응이기 때문에 몸이 자극에 적응할 시간이 필요하다. 운동량이 충분하면 이전보다 더 큰 스트레스를 이길 수 있다.

다시 측정했을 때, 첫 스테이지의 낮은 속력에서 젖산염이 줄어든 것을 확인할 수 있었다. 가벼운 운동을 시작했을 때 젖산염이 줄어든다는 것은, 지방을 에너지원으로 잘 사용하는 저강도에 적응이 되어 운동으로 체력 회복이 이루어진다는 뜻이다.

Tip! 초반 두 달까지는 같은 속력으로 달리기를 추천한다.

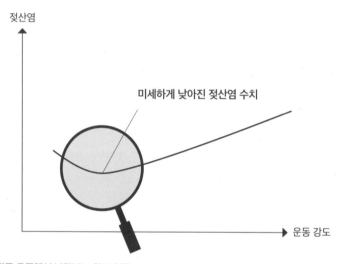

| 저강도 운동에서 나타나는 회복 기전

세 번째 달에는 운동시간을 더 늘리고 좀 더 높은 속력으로 달리기 시작했다. 나에게 맞는 속력으로 느리게 달리니 자연스럽게 체력이 좋아졌다. 그다음 달은 적응이 필요하다고 느껴 같은 속력으로 시간만 늘려 달렸고, 고강도 운동을 섞어서 하기로 했다.

다음은 12개월 동안 4~8주 간격으로 측정한 나의 천천히 달리기(심폐지구력) 속력 변화이다.

심폐지구력 속력 변화(km/h)

— 심폐지구력 속력 변화 (km/h)

◆ 운동해도 체력이 떨어질 수 있다고?

그렇다. 무엇이든 초반에는 시작만 해도 좋아지지만, 시간이 지나면 반드시 정체기가 찾아온다. 운동이 효과를 보기 위해서는 나에게 맞는 저강도 운동 영역 내에서 강도를 조금씩 올리고 운동량을 늘리며, 고강도 운동 등 새로운 자극을 추가해 주어야 한다.

마의 4개월째가 되었을 때, 새로운 자극을 주기 위해 고강도의 운동이 추가로 필요했다. 이미 1시간 30분 정도의 천천히 달리기를 하고 있었고, 낮은 강도의 운동으로 체력을 높이는 데에 몸이 익숙해졌기 때문이다.

그런데 그때 마침 여름이 되었다. 나는 여름에 약한 사람인데, 여름이 되니 너무 더워 몸이 힘들어졌다. 또 코로나 백신을 맞으면서 빠르게 달리기를 추가로 하지 못했다. 몸이 지치다 보니 운동량도 적어졌다. 결과는 참담했다. 처음 체력을 측정했을 때보다도 기록이 훨씬 떨어져서 나온 것이다. 결과가 좋지 않을 때는 이를 담담히 받아들이고 다시 시도해야 한다.

◆ 퐁당퐁당, 저강도에 고강도까지 추가하니 대박!

다시 체력을 차츰 회복하면서 이전처럼 주 2회씩 천천히 달리기를 했다. 그리고 추가로 일주일에 1~2회 고강도 인터벌에 적응하면서 달리기를 시작했다. 그렇게 저강도와 고강도를 섞어서 달리니 이전과 비교해서 드라마틱한 결과를 얻게 되었다. 속력이 4.8km/h까지 향상된 것이다.

2.6km/h로 달리다가 4.8km/h로 달리려니 무척 빠른 느낌이 들었다. 저강도 운동을 모르는 사람이라면 4.8km/h로 달리기가 힘들다는 말에 웃을 수도 있지만, 절대 만만한 속력이 아니다. 믿기지 않는다면 실제로 달려 보시라! 실제로 달려 보면 한 시간 동안 그 속력을 유지하며 달리기가 쉽지 않다. 적당한 자극과 운동량으로 다음 측정에서는 그때까지의 최고점인 5.0km/h를 달성했다. 실제로 테스트할 때 10km/h를 달리면서 가뿐하다고 느낀 것은 이때가 처음이었던 것 같다.

천천히 달리기를 시작한 후 많은 것이 달라졌다. 속이 안 좋거나 체한 것 같을 때, 생리통에 힘들 때 등 몸이 좋지 않다고 느껴지면 약을 먹기보다 차라리 가볍게 뛰는 것이 루틴이 되었다. 그렇게 달리고 나면 혈액순환이 이루어져 소화가 잘되고 손발이 따뜻해졌다.

밥을 먹기 전에 달리면 입맛이 좋았고, 밥을 먹고 한두 시간 후에 달리면 소화가 잘됐다. 기분이 우울할 때에 달리고 나면 기분이 밝아졌고, 피곤할 때 천천히 달리기를 하고 나면 몸이 거뜬하게 회복되었다. 내 몸의 상태를 스스로 조절하는 방법을 알게 되었다고 느끼니 자신감도 생겼다.

◆ 평소에 하던 운동을 중단하니 부상을 당하다

일주일에 4~5회씩 달리기를 하니 다른 운동을 하는 시간이 줄어들었다. 유튜브 편집을 직접 하고 있었기 때문에 더 바쁘기도 했다. 그동안은 웨이트를 주기적으로 하고 있었는데, 운동할 시간이 없다는 핑계로 하지 않게 되었다. 운동을 중단하고 얼마간은 몸에서 티가 나지 않았지만 그렇게 4개월의 시간이 흐르니 최대 근력이 떨어져서 부상이 발생했다.

오래 앉아 있다 보니 허리가 좋지 않았는데, 빠르게 달리다가 고관절에 부상을 입었다. 고관절 부상은 근육의 불균형이 생길 때 흔히 발생한다. 달리기도 필요하지만, 기본적으로 최대 근력을 계속 유지하고 키워 줘야 부상을 예방할 수 있다. 그래서 원래 하던 운동이 있다면 중단하지 말고 지속해야 한다. 부상을 당하지 않는 것이 운동보다 중요하다.

고관절 부상 후 2주간 운동을 쉬게 되었고, 그 뒤에 다시 운동을 시작했을 때 느껴지는 힘듦은 강도가 달랐다. 더 이상 5.0km/h로 뛸 수는 없을 것 같아 4.0km/h로 달렸는데, 심박수의 흔들림 폭이 커졌다.

최근 《유럽 스포츠과학 저널*European Journal of Sport Science*》에 2주간의 운동 중단으로 인해 심폐기능이 감소한다는 것을 밝힌 논문이 게재되었다. 운동 중단 후 최대산소섭취량(최대 유산소성 운동능력)이 떨어지고 심박수가 증가했다고 한다.

해당 연구의 대상은 19~26세의 어린 선수들이어서 운동을 이제 막 시작한 일반인과는 차이가 있을 수도 있지만, 운동을 꾸준히 해 오던 사람이라면 비슷한 결과가 나타날 것이라 예상한다. 심폐기능은 꾸준히 유지하는 것도, 강화하는 것도 어려운 일이다! 그러니 부상 이후 재활을 잘하기보다는 애초에 부상이 생기지 않도록 주의해야 한다.

◆ 1년을 달려서 얻은 것: 안정 시 심박수

천천히 달리기를 시작하고 딱 1년이 되어 다시 속력을 측정했다. 처음 측정했을 때보다 약간 더 높은 속력인 3.7km/h가 나왔다. 1년 동안 달리고 나니 내 몸에는 큰 변화가 있었다. 안정 시 심박수가 맨 처음 달리기 시작했던 때와 비교해서 확연히 떨어진 것이다.

안정 시 심박수가 떨어지는 것은 천천히 달리기의 최대 장점이다. 안정 시 심박수는 누워서 아무것도 하고 있지 않을 때의 1분간 심장 박동수로, 평균 성인 기준 60~80이고, 훈련이 잘된 선수들의 경우에는 40 정도이다. 이 수치가 낮아졌다는 것은 심장의 크기가 커졌다는 증거이다.

심장이 크면 한 번의 박출로 더 많은 혈액을 내뿜기 때문에 운동을 할 때도 빠르게 안정 시 심박수로 돌아온다. 그러면 회복이 빨라져 더 많은 운동을 할 수 있게 되고, 자신의 페이스를 오래 유지할 수 있게 된다.

◆ 자기계발에 좋은 천천히 달리기

천천히 달리기는 자기계발을 위해 최적화된 운동이다. 모든 일에는 지구력이 필요하다. 천천히 달리기를 하면서 나는 더 많은 일을 할 수 있게 되었다. 평소에 하던 수업 이외에도 유튜브를 운영하고 지금 이 책을 쓰는 일까지도 가능해졌다.

자기계발서를 읽다 보면 꼭 나오는 것이 체력을 기르라는 이야기이다. 걷고 달리면 신체와 정신의 건강, 창의력에도 좋다는 말들이 나온다. 너무 힘들지 않은 적당한 유산소 운동은 뇌에도 좋다고 하는데, 이는 일시적으로 뇌로 가는 혈류량이 증가하기 때문이다.

가벼운 유산소 운동으로는 걷기도 좋다. 그러나 체력에 관여하기에는 강도가 부족하기에, 심폐기능까지 생각한다면 가볍게 달리는 것을 권하고 싶다.

자기계발을 중요시하는 사람들은 운동할 때에도 시간 대비 효율을 따지게 되고, 운동 외에도 하고 싶거나 해야 할 것들이 많아서 가성비를 생각하게 된다. 이럴 때 최적화된 운동이 바로 천천히 달리기다.

일단 장비를 따로 장만할 필요 없이 운동화만 있으면 바로 시작할 수가 있다. 천천히 달리는 자세를 연습하고 익숙해지면 옆 사람과 이야기할 수 있을 정도로 달리며 많은 것을 할 수 있다. 전화통화도 괜찮고, 영어 공부나 보고 싶었던 영상 시청도 가능하다. 천천히 달리기는 그 효과를 알고 나면 바로 시작하기 좋은 최고의 운동이다.

프로 축구팀의 천천히 달리기

체력이 곧 실력과 연결되는 프로 운동선수들을 위한 천천히 달리기

선수들은 왠지 무척 고되게 운동해야만 할 것 같지만 실은 그렇지 않다. 숙련자가 될수록 고강도 영역의 운동능력은 높이기가 힘들다. 고강도 운동의 장점은 최대산소섭취량의 증진이다. 최대산소섭취량과 LT(젖산염 역치)를 심폐지구력의 척도로 보는데, 최대산소섭취량은 숙련자가 될수록 더 이상 올리기가 힘들다.

한편 LT는 거의 한계 없이 수월하게 높일 수 있다. 천천히 달리기는 LT를 높일 수 있는 운동이다. 또한, 1시간 이상의 달리기 같은 지구력 운동을 하게 되면 몸 안에 당을 저장하는 창고인 글리코겐glycogen의 양도 더 늘어나게 된다. 강도 높은 운동을 더 오래 수행할 수 있다는 뜻이다.

우리나라 프로 축구팀 선수들을 대상으로 저강도 운동을 통한 회복 능력의 향상을 연구했던 사례를 가져왔다. 2022년 6월《PLOS ONE》

저널에 게재된 논문 「프로 축구팀 선수들의 회복능력에 대한 저강도 유산소 운동의 효과」는 프로 축구팀에서 선수들의 체력을 전반적으로 관리하는 피지컬코치의 연구이다. 보통 축구 논문들은 대부분 중고강도 운동을 다루는 데 반해 이 논문은 세계 최초로 저강도 영역을 다루며 꽤 높은 평가를 받았다.

논문에서는 비시즌에 9주간 일주일에 세 번의 천천히 달리기를 통해 선수들 대부분의 체력 회복 능력이 좋아지고 전체적인 젖산염 및 심박수 데이터가 향상되었음을 입증하고 있다. 즉. 천천히 달리기로 선수들의 체력 회복이 이전보다 빨라졌고 더 많은 양의 운동을 소화하게 되었다는 뜻이다.

축구 경기는 전반과 후반 각 45분씩, 총 1시간 반 동안 진행되며 중간에 15분의 휴식 시간이 주어진다. 승패가 나지 않을 경우는 추가로 연장전 15분씩을 더하게 된다. 경기의 시작부터 끝까지 대략 2시간 정도의 시간을 버틸 수 있는 체력이 있어야 한다.

시합 중에는 공이 가까이 오면 곧바로 전력으로 질주하고, 공이 멀리 떨어지면 천천히 달리는 패턴이 반복된다. 순발력을 요구하기 때문에 빠르게 에너지를 회복하는 능력이 중요하다. 약 2시간 동안 고강도의 운동을 수행할 수 있도록 달리기를 위한 체력 역시 뒷받침되어야 한다. 선수가 뛸 수 있는 총 운동량이 중요하고, 이것이 곧 최대산소섭취량으로 계산된다.

최대산소섭취량을 높일 수 있는 과학적인 운동 방법으로는 고강도 인터벌 트레이닝이 대표적인데 여기에 저강도 운동을 섞어서 하게 될 경우, 저강도와 고강도가 섞인 양극화 트레이닝이 되어 효율적으로 최대산소섭취량을 높일 수 있다.

다음은 코치와의 인터뷰 내용이다.

저강도 훈련을 처음 시작할 때의 반응은?

—— 맨 처음에는 팀원들을 설득해서 훈련을 시키기가 힘들었다. 일단 운동이라는 것은 땀을 흘리고 힘들어야 한다는 편견이 강했기 때문이다. 저강도 운동을 처음 직접 해 보면 '이게 운동이 돼?'라는 생각이 먼저 들기 때문에, 초반에는 감독님부터 선수들까지 팀 모두가 반신반의하는 모습을 보였다. 또, 1시간을 달리는 것이 지루할 수 있어서 과학적인 데이터를 보여 주며 설득하는 과정이 중요했다. 한편 유럽에서 훈련하고 온 선수 중에는 이미 저강도로 훈련을 해 본 선수들이 있어서 비교적 마찰이 적었다.

천천히 달리기 훈련을 했던 시기는?

—— 시즌에 본격적으로 들어가기 전 준비하는 비시즌에 9주 동안 천천히 달리기 훈련을 진행했다. 실험실에서 각자 측정을 거친 뒤 처방된 속력에 맞춰서 개별적으로 천천히 달리기를 했다. 저강도이긴 하지만 1시간을 뛰게 되면 절대적인 운동량이 많아지므로 시즌 때는 하지 않았다.

천천히 달리기의 효과는?

—— 총 24명을 측정했고, 천천히 달리기를 했던 모든 선수의 그래프가 좋아졌다. 체력이 이전보다 향상된 것으로 나왔다. 대부분 후기 측정에서 속력이 6~7km/h로 올라갔다. 사전 측정 결과가 4.4km/h로 좋지 않았던 한 선수는 9주 만에 7km/h로 급격하게 좋아졌다. 경기를 뛰고 온 선수들의 경우, 잘 쉬고 체력을 비축하면서 운동을 하고 싶다면 천천히 달리기만 하라고 권유했다.

선수들이 말하는 천천히 달리기의 장점은?

—— 천천히 달리기의 장점은 경기를 뛴 다음 날에 트레이닝을 해도 몸이 덜 무겁다는 점이다. 경기 시에도 체력 저하가 급격하게 일어나지 않는다. 단일 경기는 괜찮아도 주마다 경기가 있으면 다음 경기까지 회복이 잘 안 되는 경우가 많은데, 천천히 달리기를 통해서 에너지를 비축할 수가 있다.

그뿐만 아니라 뇌 건강과 정신 회복에도 도움이 된다. 경기 상황에서는 근육뿐만 아니라 정신도 스트레스를 받게 된다. 찰나의 순간에 수많은 판단이 필요하므로 선수들의 정신적 피로도가 높다. 그렇다 보니 천천히 달리기를 통해서 체력을 증진하는 것이 더욱더 중요하다.

기억에 남는 선수는?

—— 월드 스타 K 선수의 경우에는 유럽 생활을 거치면서 어떻게 자신의 몸을 경기에 맞춰 준비해야 하는지 선수 본인이 스스로 잘 알고 있고, 조절을 잘할 수 있는 선수이다. 나이가 많은 축에 속함에도 한두 경기를 빼고는 거의 전체 경기를 다 뛰었다. 타고난 체력이 좋기도 하지만 평소에 천천히 달리기를 많이 했다.

국가대표였던 P 선수는 프리시즌 때 천천히 달리기를 많이 했다. 과학적인 데이터 측정에 관심이 많은 편이기도 했고, 훈련이 주어졌을 때 성실하게 임하는 선수였다. 실험에도 잘 참여했다.

유럽파 J 선수는 이미 독일에서 이 트레이닝을 해 봤기에 이해도가 있었고 열심히 잘 참여해 주었다.

사실 선수들은 본인 스스로 체력을 관리해야 하는 시간이 더 많다. 그럴 때 천천히 달리기는 편하게 할 수 있는 운동이다. 경기를 나가지 않는 선수들의 경우, 경기에 투입되기 전에 체력을 끌어올려야 한다. 운동

후에는 회복이 필요하니, 고강도 훈련 뒤에 가벼운 운동을 하는 것도 중요하다. 가볍고 편한 운동이 필요할 때마다 천천히 달리기가 그 역할을 해 준다.

일반인의 천천히 달리기
달리기로 체중감량을 하고 싶은 사람들을 위한 천천히 달리기

체중감량이라고 하면 트레드밀에서 달리기하는 사람들의 모습이 떠오른다. "살 빼려면 유산소!"라는 말이 공식처럼 여겨질 정도로, 체중감량을 목적으로 달리기를 시작하는 이들이 많다. 그러나 운동과 다이어트를 한 번에 시작하는 것은 힘든 일이다. 작심삼일이 되는 경우가 많으므로 일단 둘 중에 하나부터 시작해서 습관을 들이는 것을 추천한다. 식단을 포기할 수 없어 운동부터 시작한다면 먼저 지방을 잘 태우는 능력부터 키워 보도록 하자.

식사 제한 없이 천천히 달리기만으로 체중은 얼마나 빠지고 체력은 얼마나 좋아질 수 있을까? 실험을 해 보기로 했다. 체력은 유지하면서 체중감량을 하는 천천히 달리기 여정이다. 이제 막 천천히 달리기를 시작하는 사람들을 위한 사례라고도 볼 수 있다. 강도 높은 다이어트를 병행했다면 분명히 체중감량이 더 빨랐겠지만 가장 현실적인 방법을 택하기로 했다.

실험 방식은 이러하다. 4~6주 간격으로 자가측정을 진행했고, 근육산소포화도 자가측정 기구를 사용했다. 근육산소포화도, 즉 근육 안에 있는 산소를 측정해서 알고리즘을 기반으로 젖산염의 수치를 대체 측정하는 방식이다. 일반인을 대상으로 진행되었으므로 운동을 꾸준히 해 온 사람 혹은 운동선수가 아니라면 이 사례를 참고하길 바란다.

※ 중도 비만일 경우
중도 비만이라면 식단 조절과 걷기부터! 급격히 체중이 증가한 상태에서 달리면 관절에 무리가 가기 때문에 다이어트를 진행하여 체중을 조절한 후에 달리기를 시작해야 한다.

◆ 식단 제한 없이, 요요 없이 복부비만 탈출하기!

목표: 급하게 많이 빼지 말고 천천히 확실하게 빼기!
방법: 지방을 잘 태우는 능력을 키우기 위해 아주 기본적인 것만 지키면서 매주 2~3회씩 천천히 달리기를 한다.

요요 없이 체중감량을 원하는 분들이 참고할 수 있는 사례들이다. 식단 제한 없이 아래 규칙들만 지키기로 했다.

1. 하루 세끼 건강한 식단
2. 식사 거르지 않기
3. 식사량은 기존과 비슷하게 유지하기
4. 야식 먹지 않기
5. 간식은 가능 (우유 들어간 라떼도 가능)

이 정도면 매우 무리되지 않는 조건이다. 이렇게 식사 제한 없이 주 3회 천천히 달리기를 했을 때, 실험 참가자 모두 한 달 동안 1kg 정도의 체중감량이 있었다.

급격한 체중감량을 자랑하는 사람들이 잠깐은 참 행복해하지만 안타깝게도 그 날씬한 상태가 오래가는 경우를 잘 보지 못했다. 건강하게 요요 없는 체중감량을 원한다면 한 달에 0.5~2kg 감량을 권장한다. "서서히 조금씩 빼서 1년 동안 10kg을 감량했어요!"라고 하는 경우, 요요 없는 체중감량일 확률이 높다. 중요한 점은 지방을 잘 태우는 몸이 되어 가고 있는가이다.

최근 체지방률보다 눈으로 신체의 변화를 측정하는 '눈바디'가 더 중요하다며, 체지방률에 대한 편견을 깨트려 준 유튜버가 있다. '제이제이 살롱드핏'이다. 운동을 하기 전 체지방률 27%의 눈바디와, 운동을 몇 년간 꾸준히 하고 나서 현재의 체지방률 29%의 눈바디를 비교하면 확연히 다르다. 체지방률 29%는 인바디상으로는 비만에 가깝지만 눈바디로는 전혀 그렇게 보이지 않는다. 운동을 통해 지방의 재분배가 이루어졌기 때문이다.

사실 체지방률은 체중 대비 지방의 비율이라서 체격이 큰 사람들은 지방이 더 많을 수밖에 없기에, 인바디 수치만을 신뢰하면 눈으로 보았을 때 굴곡지고 예쁜 몸과는 약간 다를 수 있다. 운동을 할 때는 눈바디도 중요하므로 숫자에 너무 연연하지는 않았으면 한다.

식사 제한 없이 천천히 달리기만으로 체중과 체력에 어떠한 변화가 있었는지 개인별 적정 속력 증감 추세와 운동 수기를 통해서 비교해 보겠다.

① 재택근무를 하며 늘어난 체중이 고민인 30대 직장인 여성

글래머러스한 몸매로 들어갈 곳과 나와야 할 곳이 뚜렷해서 나의 부러움을 샀던 친구가 있다. 이 친구는 20대 중반까지만 해도 운동을 꾸준히 하지 않아도 복부가 적당히 들어가고 필요한 곳에 볼륨이 있어서 부러웠는데, 30대가 되어 몇 년 만에 만난 친구의 모습에 그만 깜짝 놀라고 말았다.

직업이 트레이너이다 보니 대충 쓰윽 훑으면 직업병처럼 몸 상태를 알 수 있다. 친구의 몸이 이전과는 달리 부어 있는 느낌이라 운동이 필요하다고 생각되었다. 친구를 보자마자 "살이 많이 쪘다…. 친구야, 운동하는 게 어때?"라는 말부터 나왔다.

친구는 20대 후반에 PT를 받아 본 경험이 있었고, 그 뒤로 운동을 쉬게 되면서 근래에는 운동을 한 적이 없다고 했다. 코로나 이후 재택근무까지 하다 보니 점점 살이 불어난 것이다. 본인도 체중감량의 필요성을 느끼고 있어 천천히 달리기를 추천했다.

그녀는 미디어에서 보여 주는 마른 몸을 갖고 싶어서 10대 후반에 한 가지 음식만 먹는 다이어트를 두어 번 했었다. 배가 고프지는 않아서 괜찮았지만 질려서 오래가지 못했다. 식이요법만으로 하는 체중감량은 포기했고, 건강하게 운동하며 요요 없이 현실적으로 체중을 감량하는 방법으로 천천히 달리기가 본인에게 잘 맞는 것 같다고 했다.

◇ 천천히 달리기 6개월

친구는 행동력이 좋다. 첫 자가측정 전에 이미 2달 동안 유튜브에서 추천한 2.5km/h의 속력으로 1시간씩 달리기를 해 오고 있었다. 그렇게 막상 첫 측정을 해보니 3.2km/h가 나와 속력을 높이기로 했는데, 아주 작은 차이지만 생각보다 힘들어했다. 그래서 속력은 점차 늘려가기로 하고 일단 시간부터 늘렸다. 1시간에서 10분을 더 달리기로 한 것이다. 체력을 계속해서 향상하려면 적당한 자극과 함께 그전에 했던 것보다 더 많은 양의 운동을 해야 한다.

그녀의 이야기를 들어 보자.

천천히 달리기를 하면서 제일 크게 느끼는 효과는 예전보다 몸의 부기가 확실히 사라졌다는 점이다. 몸에 부담을 주지 않고도 체력이 좋아지는 느낌이다. 1시간 동안 운동을 해냈다는 성취감도 크다.

체중이 확 줄어들지는 않았지만, 복부에도 살이 빠지며 몸이 가벼워진 기분이 든다. 천천히 달리기는 '정말 운동 효과가 있을까?' 싶을 정도로 느리지만, 과학적인 근거가 있다 보니 믿고 하고 있다. 달리면서 생각이 정리된다는 것도 장점이다.

'유퀴즈'에서 《백년허리》의 저자 정선근 선생님이 "멋있게 살려면 근력 운동을, 건강하게 오래 살려면 유산소 운동을 해야 한다"라고 하신 이야기를 듣고서 유산소를 더 해야겠다는 생각을 가지게 되었다.

두 번째 달에는 심적으로 힘든 일이 있어서 식사와 수면이 충분하지 못했다. 운동량도 적었다. 오히려 체지방의 양이 늘었으며 달리기를 많이 하지 못해서 예전에 달리던 속도가 체력적으로 힘들게 느껴졌다. 그래서 그다음 달에는 이전보다 느린 속도로 달렸다.

힘든 시기 뒤에 다시 점차 속도를 높여 달리면서 4개월이 넘어가자 빠르게 달리기(고강도 인터벌)를 시작했다. 이때는 3.2km/h보다 더 높은 속력으로 달려도 이전에 비해 지치지 않는 느낌이었다. 내장지방도 빠졌고, 눈으로 봤을 때도 부기와 몸의 체형이 정리된 느낌이었다.

꾸준히 한 운동을 지속한 적이 없었기에 가족들도 놀랐다. 현재 6개월째 달리는 중인데, 달리기가 익숙해지고 습관이 자리잡아서 이제는 혼자서도 잘하게 되었다.

◇ 달릴 때 발바닥이 아프다면?

친구는 평소 플랫슈즈를 좋아하고, 발의 아치가 없는 기능적인 평발이다. 그리고 달리기를 시작하며 발이 착지하는 지점이 뒤꿈치(리어)에서 중간(미드풋)으로 갑작스레 바뀌었다.

해결 방법: 달릴 때 착지법을 갑자기 바꾸게 되면 부작용이 있을 수 있다. 발의 중간부나 앞부분으로 착지하며 달리게 되면 뒤꿈치로 착지하는 것에 비해 종아리와 발, 발목에 오는 충격이 더 크다. 충분히 종아리와 발의 근력을 키운 뒤에 서서히 착지법을 변경해야 한다. 발이 아픈 데에는 다양한 이유가 있겠지만 간략히 이야기하고 싶은 점은 발바닥에도 코어가 있다는 것이다. 발 근육들을 강화해 주는 운동을 하면서 달리면 발바닥 통증을 개선할 수 있다.

② 만성피로와 올챙이배가 고민인 30대 남성

내가 필라테스 강사이다 보니 주변에서도 몸에 대한 고민을 편하게 이야기한다. 어려서부터 몸은 말랐어도 올챙이처럼 배가 나온 게 고민이라는 한 친구가 있다. 당장 PT를 받기에는 부담스럽고, 하게 된다고 해도 그전에 체력을 좀 키우고 체중감량을 어느 정도 한 상태에서 시작하고 싶다고 했다.

이 친구는 직업상 평소 생활 리듬이 깨져 있었다. 새벽에 일이 끝날 때도 많고, 수면시간이 3시간에서 5시간 정도로 적은 편이었다. 잠은 일이 없을 때 몰아서 잤다. 장시간 앉아서 일하고 식사는 1~2끼를 먹으면서 주기적으로 야식을 먹는다고 했다. 그래서 항상 몸이 피곤하고 인바디상의 근육량도 부족한 편이었다. 예전에는 헬스장을 1년 끊어 놓고 겨우 3번 간 적도 있다고 했다.

사실 나도 어쩔 수 없는 직업병 때문에 그를 처음 봤을 때는 날씬한 체형임에도 불구하고 배밖에 안 보였다. 체형이 많이 틀어져 있어서 정말 운동을 시키고 싶은 몸이었는데 잘 되었다 싶어 이야기했다. "일단 PT 받기 전에 가볍게 시작할 수 있는 천천히 달리기부터 해 봐."

◇ 복근, 코어, 호흡—달리기는 최고의 코어 운동

복부를 보면 그 사람의 체지방을 알 수 있다. 피하의 체지방을 측정할 때 가장 정확한 방법 역시 '캘리퍼caliper'를 이용하는 것으로, 집게처럼 생긴 캘리퍼로 복부의 두께를 재어 체지방률을 산출한다.

복부 근육은 호흡에도 중요하다. 복부 근육은 숨을 끝까지 내쉴 수 있도록 도와주는 역할을 한다. 그래서 복부가 나온 사람은 호흡이 약할 것이라고 추론할 수 있고, 호흡은 곧 코어와 연결되기 때문에 결국 코어 근육이 약할 것이라는 결론이 나온다.

복부 근육 강화에는 필라테스의 코어 운동이 도움이 되며, 유산소성 운동을 통해서 호흡 능력을 키워 주는 것도 필요하다. 또한, 걷기와 달리기를 하면 복부의 겉 근육과 속 근육의 사용 비중이 윗몸 일으키기 같은 복근 운동을 할 때보다 더 높아 효과적이다. 그러므로 복부 근육을 강화하고 지방을 걷어 내기 위해서는 지속적인 달리기를 하는 것이 좋다.

만약 달릴 때 허리가 아픈 경우 코어가 약하고 자세에 문제가 있다는 뜻이므로 코어 기초 운동과 강화 운동을 통해서 코어를 사용하는 법을 익힌 후 달리기를 하면 문제를 개선할 수 있다.

처음 그에게 달리기를 권하니 이런 대답이 돌아왔다. "사실 내가 무릎을 수술한 적이 있어서 달리기는 잘 안 하게 돼. 보통 운동 전에 워밍업용으로 고강도 인터벌만 하다 보니 힘들고 지치기만

하고 즐겁다는 생각이 안 들어. 나에게 맞는 운동인가 싶고, 그냥 어쩔 수 없이 달릴 때가 더 많아."

◇ 무릎 때문에 달리기가 두렵다면?

그는 어렸을 적 무릎의 반월연골이 파열되어 수술한 적이 있다. 1시간 이상 달리면 무릎이 쇠한 느낌이 든다. 그래서 장시간의 달리기는 피하게 되었다.

해결 방법: 수술 뒤에는 근섬유가 재결합하면서 뒤엉켜 붙어 있게 되며 이전보다 근력이 떨어져 좌우가 불균형한 상태가 된다. 평소에 마사지를 해 주고 스트레칭과 무릎 주변의 강화 운동을 필수적으로 해 주어야 한다.

◇ "너 이 상태로 가면 위험해!"

그가 처음 달리기를 시작했을 때, 나는 그의 체내 산소량을 보고 큰 충격을 받았다. 근육 안의 산소량이 너무 낮은 상태였기 때문이다. 몸 상태를 보니 달리기의 속력이 높을 수가 없었다.

달리기가 끝나갈 즈음에는 산소량이 너무 적어져서 정말 걱정스러웠다. 이런 말이 절로 나왔다. "너 정말 잘 자고, 달려야 해! 달려서 몸에 산소를 계속 보내야 해! 그러지 않으면 위험할 수 있어. 진짜 걱정된다."

그렇게 첫 달리기를 한 후 한 달 동안 10번 정도를 달리고 나니 비로소 산소량이 평균치가 되었다. 물론 체지방도 빠졌다.

그런데 다음 달, 이 친구가 우울한 일이 생겼다며 운동을 많이 못 한 상태로 측정을 진행했다. 역시나 지난번처럼 산소가 너무 부족한 상태로 다시 돌아왔다. 다시 한번 말할 수밖에 없었다. "너 정말 달려야 해! 목숨을 걸고 달려. 너의 건강을 위해서.”

◇ 우울해서 운동하기가 싫을 때

우울하다면 아침에 운동하는 것을 추천한다. 하루를 상쾌하게 시작할 수 있다. 뇌는 몸에서 사용하는 에너지의 총량 중에서 큰 비중을 차지하는 기관이다. 그만큼 생각이 많아지면 이미 운동 전에 에너지를 많이 사용하기 때문에, 피곤해져서 운동을 못 하는 경우가 생길 수 있다. 우울한 생각이 들기 전에 아침 운동을 먼저 시작해서 걱정과 근심을 날리고 활기차게 하루를 시작하자.

그의 이야기를 들어 보자.

운동을 막 시작했거나 운동하는 습관을 좀처럼 들이기가 힘든 경우, 천천히 달리기를 추천하고 싶다. 1시간 동안 달릴 수 있어서 심리적으로 자기 효능감과 자신감이 생기는 느낌이다.

습관을 들이기 위해서 천천히 달리기를 마친 후에는 인스타그램에 인증했다. 그러다 보니 좀 더 수월했던 점도 있는 것 같다. 게다가 달리면서 인바디 결과도 좋아지다 보니 거기에서 힘을 얻어 더 열심히 하게 되었다. 생활 리듬까지 개선한다면 몸이 확실히 좋아질 것 같다.

처음에는 이전에 했었던 고강도 인터벌을 아예 안 해서 그런지 체력이 좋아진다는 느낌을 받기는 어려웠다. 그런데 3개월 이후부터 다시 고강도 인터벌을 추가로 하니 확실히 몸 상태가 좋아졌다. 이전에는 지루한 감이 있었는데 이제는 음악만 들으면서 달려도 1시간을 채우는 것이 어렵지 않다. 천천히 달리기는 효과와 장점이 많은 운동이다.

우연히 라디오에서 이런 이야기를 듣게 되었다. 운동과 건강에 대한 설문 조사 결과였다. '현재 운동을 하고 있는가? 미래의 자신이 건강할 것이라고 예상하는가?'라는 질문에 대다수는 '현재 운동은 안 하지만, 나는 괜찮을 것이다'라고 답했다고 한다.

'나는 괜찮을 거야….' 과연 그럴까? 운동을 가르치는 트레이너로서 현실적인 조언을 해 주고 싶다. 갈수록 비만율은 늘고 당뇨나 고혈압, 암에 걸리는 사람도 많아지고 있다. 나라고 예외는 아니다.

그냥 가볍게 움직이는 것만으로도 운동 효과가 있다. 일단 당장 할 수 있는 것부터 시작해 보자. 만약 내가 다리를 다쳐서 당장 걸을 수 없다면 상체를 이용한 유산소 운동도 있다. 바쁘더라도 어떻게든 꾸준히 움직이는 시간을 자신의 몸에 선물해 주자.

③ 복부 지방과 체력 저하가 고민인 40대 초 워킹맘

근래에 운동을 한 적이 전혀 없었던 분이 체중감량과 자세교정을 목적으로 필라테스를 시작하게 되었다. 헐렁한 옷을 입었을 때는 말랐다고 느껴질 정도로 팔다리는 가늘고 복부에만 살이 몰린 체형이 고민이었다.

결혼할 때쯤에는 철저한 식단 제한으로 가볍고 예쁜 몸매를 가졌던 그녀는 일을 할 때 야식을 먹게 되면서 어느 순간 몸이 불어나기 시작했다. 체력도 예전 같지 않았다. 일과 육아를 병행하는 상황이라 이전보다 더 지치고 맥을 못 추는 느낌이 든다며 몸을 전반적으로 개선하고 싶다고 했다.

◇ 근력 운동과 유산소 달리기를 동시에 하자

필라테스는 바른 자세를 만들어 주기 때문에 불필요한 지방이 붙지 않도록 돕고 혈액순환이 잘되게 해 준다. 몇 달 하다 보면 전체적인 라인이 잡히면서 살이 빠진 것 같은 몸매가 만들어진다. 속근육인 자세유지근을 사용해서 몸이 압축된 느낌을 주기 때문이다.

하지만 운동 자극이 간헐적이고 칼로리 소비량이 적은 편이라 필라테스만으로는 체중감량이 힘들다. 추가적인 유산소 운동이 필요하다.

◇ 걷기도 잘 안 하다가 달리기부터 시작해도 되나?

걷기에서 속력이 빨라지면 달리기가 된다. 따라서 걷기가 먼저 잘되어야 바른 달리기가 가능하다. 걷기에서 달리기로 변하면서 작은 근육들보다는 큰 근육들이 쓰이게 된다.

달릴 때는 바른 자세가 중요한데 평소 발목이나 허리를 잘 삐끗하는 사람이라면 특히 주의가 필요하다. 그러므로 부상을 예방하기 위해서는 걷기가 완성된 후에 달려야 한다. 그녀는 걷기도 많이 하지 않았던 상태였기 때문에 먼저 걷기를 두 달간 지속한 뒤에 천천히 달리기를 시작하도록 권했다.

그녀의 천천히 달리기 속력은 2.3km/h로 굉장히 느렸다. 이 강도를 3개월 동안 유지하고 인바디를 측정하자 매달 체지방이 1kg씩 줄어드는 효과를 볼 수 있었다. 내장지방 레벨도 8에서 시작해서 1씩 줄어들었다.

3개월 차부터는 고강도 인터벌을 섞어서 달리기 시작했다. 그리고 4개월 차가 되니 지구력 운동의 효과가 나타나기 시작해서 천천히 달리기 속도를 3.2km/h로 높이게 되었다.

달리기를 해 보니 워킹맘에게 딱이라는 생각이 들었다는 그녀의 이야기를 들어 보자.

식단을 제한하지 않고 천천히 달리기에 몇 시간만 투자했는데도 지방이 빠지고 있어서 신기하다. 정말 천천히 달리는 것뿐인데…. 움직임의 중요성을 깨닫는다.

순환이 잘되어서 그런지 천천히 달리기를 시작한 후부터 생기 있어 보인다는 말을 듣는다. 나는 원래 땀이 없는 사람인 줄 알았는데 나도 땀을 흘린다는 걸 알게 되었다.

운동을 시작하기 전에는 아들을 안을 때 힘이 들었는데 36kg 아들을 안아서 들어 올릴 때도 훨씬 수월해지고 확실히 체력이 좋아진 느낌이다. 몸이 달라진 것 같다.

천천히 달리기는 시간과 공간의 제약이 없어서 초등학생 아이를 키우는 엄마들이나 바쁜 사람들이 하기에 좋은 운동이라고 생각한다. 몸에 부담이 없는 운동이라 하고 난 후에도 힘들지 않다.

◇ **걷거나 달릴 때 허리가 아프다면?**

그녀는 평소 허리가 아팠던 것도 아닌데 걷거나 달릴 때면 유독 허리가 아파 신경이 쓰였다고 한다.

해결 방법: 달릴 때 자세를 확인해야 한다. 코어의 약화와 무게중심의 문제일 가능성이 크다. 달릴 때는 걸을 때보다 속력이 빨라 몸의 무게중심이 앞으로 기울게 된다. 앞으로 기우는 게 자연스러운데, 상체를 들어 올린 상태로 달리게 되면 허리에 무리가 가게 된다. 달리면서도 자세에 계속 집중하며 양쪽 다리에 무게 분배가 잘되고 있는지 확인해야 한다. 평소 코어 운동을 해 주고, 달리면서

도 복부와 엉덩이를 수축하는 느낌을 풀지 않고 달려야 한다.

평생 달리지 않고 살 수 있을까? 어느 날 약속에 늦을까 봐 버스를 놓치지 않기 위해 뛰었다고 생각해 보자. 운동을 평소에 하지 않다가 갑자기 속력을 내서 달리니 그만 다치고 만다. 아무리 느리게 달린다고 해도, 달릴 때는 걸을 때보다 관절에 몇 배나 되는 압력이 들어간다.

걷기와 달리기는 누구나 평생 해야 하는 동작이다. 언제 하든 최대한 익숙하게 잘할 수 있도록 몸의 균형을 잘 맞춰 두면 삶의 질이 높아진다. 부상을 예방하기 위해서, 또 부상 후 통증으로 후회하지 않기 위해서는 평소 달리기를 꾸준히 하며 부족한 근력을 운동으로 보충해야 한다.

처음 천천히 달리기를 하는 사람의 경우에는 1시간에 2.5km 코스를, 원래 근력 운동을 하던 사람들에게는 3.2km 코스를 권한다.

처음 달릴 때부터 세 번째 달릴 때까지는 심박수가 왔다 갔다 요동이 심하다. 그러다가 세 번째 달리기 이후로는 점차 맞춰지기 시작한다. 그때까지도 심박수가 맞지 않는다면 속도를 좀 더 낮춰서 달리기를 추천한다.

암을 앓았던 우리 엄마의 천천히 달리기

중병을 앓고 몸이 약해졌거나 타고난 체력이 허약한 사람들을 위한 천천히 달리기

나의 엄마는 7년 전에 폐암으로 수술을 하고 항암치료까지 받으셨다. 몇 년의 시간이 흘렀지만, 여전히 체력이 약한 상태로 지내고 계셨다.

내가 처음 저강도 유산소 운동과 천천히 달리기를 접했을 때, 가장 먼저 생각나는 사람이 바로 엄마였다. 엄마에게 이 운동을 시켜서 체력이 좋아지게 만들어 드리고 싶었다. 그래서 엄마를 설득해 연구실에 가서 젖산염 역치 테스트를 하고 일주일에 두 번 천천히 달리기를 하시도록 했다.

엄마는 움직이는 걸 정말 좋아하지 않는 타입이다. 집안일을 하면서 움직이거나 투병 이후로는 등산 정도의 걷기를 꾸준히 하고는 있었지만, 적극적으로 운동하는 것을 매우 귀찮아했다.

그런 엄마가 체력이 좋아진다는 말에 일주일에 2회씩 2.8km/h의 천천히 달리기를 시작했다. 두 달을 그렇게 달리고 다시 측정을 해 보니 그래프가 옆으로 밀리면서 회복 기전이 일어났다. 두 달 전보다 체력이 좋아진 것이다.

그러나 자신의 몸을 돌보고 운동하는 것이 습관이 되기 전에는 꾸준히 운동하기가 쉽지 않다. 움직임도 운동도 습관이다. 일상에서 바쁜 일이 먼저가 되고 좋아하는 것만 하다 보면 운동할 시간을 내기가 절대 쉽지 않다.

엄마도 마찬가지로 계속해서 느리게 달리면서 고강도 인터벌 운동을 겸해야 확실히 체력을 강화할 수 있음에도 불구하고, 시간이 지나면서 달리기의 우선순위가 뒤로 밀리게 되었다.

그런데 얼마 전 코로나에 걸리고 나서 그 후유증으로 엄마의 체력이 달리기를 시작하기 전처럼 바닥이 되어 버렸다. 엄마는 이를 계기로 다시 천천히 달리기를 시작하셨다. 떨어져 버린 체력을 다시 회복하는 데에 천천히 달리기는 정말 최고의 운동이다.

엄마는 현재 일주일에 세 번씩 2.4km/h로 달린다. 어떤 날은 너무 피곤해서 눕고 싶을 때도 천천히 달리기를 한다. 피로감을 참고 달리고 나면 몸이 다시 깨어나는 것 같다고 한다.

엄마는 약한 체력을 회복해 주는 천천히 달리기를 최고의 운동이라고 말한다.

암 투병을 하면서 음식과 수면, 운동과 정신 건강이 정말 중요하다는 것을 알게 되었다. 움직일 힘만 있다면 잠깐 몇 분이라도 운동하는 게 그냥 가만히 있는 것보다 도움이 된다.

가끔은 등산을 하기도 하는데 예전에는 숨이 차서 1시간을 꾸준히 올라가지 못하고 중간중간 꼭 쉬는 시간을 갖곤 했다. 그런데 트레드밀에서 1시간씩 천천히 달리기를 시작한 이후로는 중간에 쉬지 않고도 거뜬히 올라갈 수 있게 되어 신기했다.

천천히 달리기를 하고 나면 혈액순환이 되어서 몸이 따뜻해진다. 암 환자는 거의 저체온인 사람이 많아 몸을 따뜻하게 해 주고 땀을 내는 것이 중요하다.

1시간을 달리고 나면 오늘 할 일을 다 한 것 같은 성취감도 생기고 왠지 모를 자신감이 생긴다. 크게 힘들이지 않고 몸과 정신 건강에 도움이 되는 좋은 운동이라는 생각이 든다. 이번에는 체력을 회복해서 고강도 인터벌 달리기까지 반드시 해 볼 생각이다.

체력이 약해서 하고 싶은 일을 미루고 있는가? 그렇다면 당장 일어나서 느리게 달려 보라! 한 달, 두 달, 세 달⋯. 달리는 것이 습관이 될 때까지 목적을 갖고 시도해 보라! 모든 일에는 과정이 필요하다. 분명한 목적의식도 필요하다. 꾸준히 달리다 보면 분명히 하고 싶은 일을 할 수 있는 체력과 자신감이 생길 것이다.

노약자와 대사질환이 있는 사람들의 천천히 달리기

① 70대 이상 노년기의 천천히 달리기

걷기로도 천천히 달리기처럼 LT가 증가하는 효과를 볼 수 있을까? 젊어서부터 달리기를 해 왔던 사람이 아닌 경우, 달리기를 평소에 하지 않았다면 두 다리가 동시에 들리는 달리기는 관절에 무리가 갈 수 있다. 특히 노년기에는 관절의 중요도가 크기 때문에 무리해서 사용해서는 안된다.

이런 경우에는 달리기를 걷기로 대체할 수 있는데, 이때는 파워워킹 power walking처럼 빠르게 걷기를 하면 어느 정도는 천천히 달리기만큼 효과를 볼 수 있다. 에너지 소비와 근육 사용은 달리기보다 약하지만, 꾸준히 속력을 유지한다면 천천히 달리기만큼의 강도에 미칠 수 있다.

◇ 운동 방법

목표: 1시간을 쉬지 않고 걷기
1. 처음 시작할 때는 30분을 편한 걸음으로 쉬지 않고 걷는다.
2. 쉬지 않고 걷는 시간을 5분씩 점차 늘려 간다.

사람은 꽃게처럼 옆으로 걷지 않기 때문에, 따로 운동을 해 주지 않으면 나이가 들수록 몸의 옆면이 약해진다. 예를 들어 걸을 때 엉덩이가 옆으로 밀리지 않도록 잡아 주는 근육, 중둔근이 약해질 수 있다. 중둔근과 무릎, 발목은 마치 체인처럼 서로 연결되어 있다. 이러한 근육들을 강화하는 운동을 따로 하면서 걷거나 천천히 달리기를 시작하는 것이 좋다.

또한, 오랫동안 달리지 않았기 때문에 갑자기 달리기 시작하면 심장에 부담이 될 수도 있다. 급격하게 심박수가 높아지면 위험할 수 있으니 심박계를 가지고 심박수를 실시간으로 모니터링하면서 유산소 운동을 한다면 무리 없이 자신의 몸에 맞게 운동할 수 있을 것이다.

> ※ 기저질환자의 경우
> 기저질환이 있는 사람은 반드시 전문의의 진단을 받고 운동하기를 바란다. 순환계에 문제가 있는 경우 갑자기 강도 높은 운동을 하면 안 된다. 약한 강도처럼 보이는 운동이라도 정작 자신에게는 높은 강도일 수 있다. 아주 약하게 보이는 운동부터 서서히 강도를 높여 순차적으로 운동을 진행해야 한다.

② 당뇨 환자의 천천히 달리기

몇 달 전 일이다. 집 근처를 산책하고 있는데 70대 정도로 보이는 한 할머니께서 길을 물으셨다. 자신은 당뇨 환자인데 담당 의사 선생님이 무조건 하루에 한 시간은 걷기운동을 하라고 했다며 걷는 중이라고 하셨다. 할머니의 워킹은 느리지 않았다. 되려 걸음이 빠르신 편이었다. 평소 운동을 많이 하신 분이라는 생각이 들었다.

당뇨 환자라면 운동 전에 혈당을 반드시 확인하고 혈당이 지나치게 높은 경우에는 운동하지 않는 것이 좋다. 혈당 조절을 위해서 주 3회 정도 운동을 할 것을 권하고 있는데 근감소증을 예방하려면 저항성 운동, 즉 근력 운동이 꼭 필요하다. 체중 조절이 필요한 경우에는 저강도 유산소 운동이 도움이 된다. 하지만 만약 발에 말초신경염이 있다면 달리기는 적합지 않다.

그런 경우를 제외하고는 1시간을 느리게 달릴 수 있는 몸을 만들도록 노력하자. 만일 20분을 걷고 10분을 쉬고, 또 20분을 걷고 10분을 쉬어야 한다면 그 운동 강도가 몸에 버겁다는 뜻이다. 그러므로 1시간을 걷거나 달렸을 때 쉬지 않고 계속해서 수행할 수 있을 정도로 힘들지 않은 강도에 맞춰 운동해야 한다.

③ 고혈압 환자의 천천히 달리기

고혈압이 있는 사람은 갑작스럽게 혈압을 높이는 고강도 운동을 하면 안 된다. 따라서 걷기나 천천히 달리기와 같은 저강도 유산소 운동이 매우 도움이 된다. 고혈압 환자의 경우 약간 숨이 차고 운동 중 대화가 가능한 정도의 강도로 운동하기를 권하고 있다. 천천히 달리기가 딱 그렇다.

고혈압 환자에게는 유산소 운동이 필수적이다. 유산소 운동을 꾸준히 하면 심폐기능이 좋아지고, 심폐기능이 향상되면 고혈압 발생 위험이 낮아지기 때문이다. 매일 30분 이상 유산소 운동은 혈압을 낮추는 효과가 있다는 사실도 입증되었다. 또한, 저강도 유산소 운동은 고혈압 환자의 체중을 줄여 주고 스트레스 해소에도 매우 효과적이다. 스트레스를 줄이면 혈압의 변동 폭도 줄어든다.

고혈압 환자는 운동 전후로 반드시 혈압을 체크하고, 절대 운동에 욕심을 부리지 말고 천천히 달리되 꾸준히 하기를 바란다. 그리고 필수적으로 스트레칭이나 걷기와 같은 준비운동을 통해 심장이나 근육에 급격한 자극이 오지 않도록 점진적으로 자극을 주어야 한다.

④ 임산부의 천천히 달리기

임산부의 경우 운동 전 의사와 상의하는 것이 필요하다. 일반적으로 임신을 한 경우 평소에 운동을 주기적으로 했던 사람들은 운동을 계속 유지해도 좋다. 다만 임신 초기와 후기에는 운동 강도와 운동량을 줄일 것을 권한다.

임신 중 운동에는 신진대사 효율이 늘어나는 효과가 있다. 걷기나 천천히 달리기를 꾸준히 할 경우, 심폐기능도 좋아지고 정신적으로도 안정감을 유지할 수 있다는 장점이 있다. 근육과 관절의 긴장도 완화된다.

임산부의 운동은 분만에도 더 효과적이어서 진통 시간을 줄어들게 한다. 태아에게 미치는 영향도 있는데 탯줄이 굵어져 태아가 산소와 영양분을 공급받기 쉽고, 아이의 뇌 발육에도 도움이 된다고 한다.

출산 후에는 몸을 적당히 회복한 뒤에 천천히 달리기를 권한다. 천천히 달리기는 체력 회복에 필요한 움직임이기 때문에 몸의 회복은 물론 산후우울증 예방에도 좋다.

지구력 운동을 꾸준히 해 온 사람들의 천천히 달리기

일찍이 운동의 효과를 알고 자신을 위해서 꾸준히 운동해 온 사람들, 나는 그런 사람들에게 아낌없는 박수를 보낸다. 몸을 움직여 자신이 원하는 몸을 만듦으로써 스스로가 느끼는 보상과 기쁨은 어떤 것보다 크다. 숙련자가 될수록 기록의 향상을 위해서는 천천히 달리기를 함께 하는 게 효과적이다.

① 달리기를 사랑하는 20년 차 레크리에이션 러너

그는 군대에서 체중감량을 하기 위해 일주일에 두세 번 달리기를 시작했다. 지금도 매주 4회 이상 20년째 달리기를 하는 그는 우울하거나 체중감량이 하고 싶은 사람들에게 달리기를 적극 추천했다.

오랜 시간 달리기가 몸에 밴 사람의 유산소 능력은 어느 정도일까? 20년간 달리기를 하면서 한 번도 심폐지구력을 측정해 본 적이 없었던 그의 달리기 속도를 처음으로 측정하게 되었다.

측정 결과 그의 저강도 달리기는 7.4km/h가 나왔다. 안정 시 심박수 또한 49로, 일반인의 평균 안정 시 심박수가 60~80인 것을 고려하면 준 선수급이었다.

그의 달리기 사랑은 각별해서, 혼자서 마라톤 코스를 만들어 완주하기도 하고 한 달 동안 매일 10km를 1시간에 완주하는 챌린지를 하기도 했다. 그런데 그 챌린지에 성공한 것이 무리가 되어 한동안 달리기를 하지 못하고 고생을 했다.

그 뒤로 그는 페이스를 조절해서 종종 저강도 달리기를 하고 있었다. 사실 천천히 달리기가 익숙하지 않기 때문에 달리다 보면 어느새 중강도의 달리기를 하게 된다고 했다.

현재 그는 기록 향상을 위해 달리기를 하지는 않지만, 마라톤을 정식으로 준비한다면 가장 효과적인 주기화 방법을 적용해야 한다는 것을 알고 있었다. 또한, 40대가 되면서 발생하는 이런저런 몸의 부상을 천천히 달리기를 통해 회복해야 한다는 것에 공감했다.

체력은 30대를 정점으로 떨어지기 때문에, 그동안 재미로 달리기를 해 오던 사람이라도 체력을 위해서는 천천히 달리기를 병행하기를 추천한다.

② 강철 체력을 가진 15년 차 사이클러

학창 시절 배드민턴 선수로 활동했던 사이클러가 있다. 선수 생활을 할 당시 달리기로 훈련을 했고 그 이후로 15년간 사이클을 탔는데, 서울에서 부산까지 500km를 평균 21km/h로 가볍게 완주할 정도로 강철 체력의 소유자이다. 이렇게 체력이 좋은 사람들에게도 천천히 달리기가 필요할까?

거의 준 선수급의 심박수를 가지고 있는 그의 천천히 달리기 처방은 무려 8.47km/h였다. 보통 사람들에게는 중고강도에 해당하는 속력이다. 다른 운동은 하지 않고 한 달 동안 심박수에 맞춰 주 2회 1시간씩, 총 8번을 달린 후에 2차 측정을 진행하자 놀랍게도 8.87km/h로 체력이 향상되었다.

그의 이야기를 들어 보자.

> 다른 운동은 제한한 상태로 겨우 8번을 저강도로 느리게 달렸을 뿐인데 그래프가 좋아져서 굉장히 놀라웠죠. 천천히 달리기를 할 때는 야외에서 항상 같은 장소를 달렸는데, 같은 구간에서도 힘이 덜 드는 느낌이라 확실히 체력이 좋아졌다고 느꼈어요. 심박수도 이전보다 낮았고 덜 지치는 느낌이 들었죠.

10대 청소년을 위한 천천히 달리기

청소년기는 한계점을 넘어서 운동을 해 봐야 하는 시기이다. 10대 때에는 체력을 최대치로 높여 주는 것이 가장 중요하다. 다양한 신체 활동과 강도 높은 운동을 통해 평생 사용할 뼈의 골밀도를 높여 주고 근력과 심폐지구력을 충분히 향상시켜야 한다. 어릴 때 했었던 운동은 뇌에 저장되어, 한동안 하지 않고 있다가 다시 하게 되어도 더 빠르게 적응할 수 있다.

가이드라인은 초등학생 시기부터 성인이 될 때까지 활기차게 걷는 정도의 운동을 1시간 이상 매일 할 것을 권고하고 있다. 또한, 강도가 좀 더 높은 운동과 근력 운동은 매주 3일 이상 하는 것을 추천했다.

그런데 「국민건강영양조사」에 의하면 실제로 운동 종류에 상관없이 심장 박동이 평상시보다 증가하거나 숨이 찬 정도의 신체 활동을 하루에 1시간 이상 주 5일 하는 청소년은 10명 중 2명도 안 되는 것으로 나타났다. 남녀의 차이는 2.5배로 남자는 19.9%, 여자는 7.7%였다. 또한, 학령기가 올라갈수록 활동성은 더 줄어들었다. 최근 7일 동안 3일 이상 근력 강화 운동을 한 사람의 비율은 남자 청소년이 36.8%, 여자 청소년이 10.1%였다. 이러한 통계는 코로나 이후 근력 운동은 증가했으나 상대적으로 유산소 활동은 감소 추세라는 것을 보여 준다.

최근에 10대들이 70대보다 운동을 더 안 한다는 기사를 보고 깜짝 놀란 적이 있었다. 가장 활발하게 활동해야 할 10대 청소년들이 학업에 열중하느라 바쁘거나, 온라인 환경에 너무 익숙해져 게임이나 SNS를 하느라 많은 시간을 움직이지 않고 앉아 있게 된 것이다. 그전보다 할 일이 많아지다 보니 몸을 움직여 운동하거나 체력을 단련할 시간은 상대적으로 줄어들었다.

예전에 중학교에서 방송 댄스를 가르친 적이 있는데, 일을 하는 30대보다도 더 바빠 보여서 안쓰러운 마음이 들었다. 나의 유튜브 채널에 달린 댓글 중에는 "천천히 달리기를 하고 싶은데 학원에서 너무 늦게 돌아오기 때문에 아래층에 뛰는 소리가 날까 봐 천천히 달리기를 하고 싶어도 못 한다"라는 안타까운 사연도 있었다.

청소년들이 없는 시간을 쪼개서 운동하게 되면 현실적으로 어쩔 수 없이 시간 대비 효과적인 고강도 운동을 하게 된다. 하지만 이런 경우 체력을 전반적으로 개선하기는 어렵다. 그리고 체력이 떨어지면 집중력과 의욕도 저하되기 마련이다.

천천히 달리기는 체력이 바닥이라는 생각이 들거나 갑자기 살이 쪘을 때 혈액순환과 몸의 회복을 돕는다. 여성의 경우 월경 기간이라서 강도 높은 운동을 못 할 때도 무리 없이 할 수 있다는 장점이 있다. 특히 여자 청소년의 경우 달리기를 주기적으로 할 것을 권고하고 있는데, 평생 계속되는 호르몬의 변화에 예민하지 않게 살아갈 수 있기 때문이다.

20대를 위한 천천히 달리기

20대는 오히려 체력이 좋다고 생각해서 너무 관리를 안 하게 되는 경우가 많다. 운동을 전혀 하지 않는 20대 청년들의 심폐지구력을 측정하자 역시나 좋은 결과가 나오지 않았다.

굉장히 건강해 보이는 20대 초반 연구원의 심폐지구력을 측정한 적이 있다. 전에는 운동을 전공했었지만, 연구를 위해 장시간 앉아 있는 생활을 하면서 전혀 움직이지 않다 보니 기초대사량이 떨어지고 대사유연성이 떨어져서 살도 더 잘 붙는 체질이 되었다. 그 연구원의 저강도 속력은 2.2km/h였다.

저강도 유산소에 대해 알려 주는 나의 유튜브 영상에는 20대인 사람들이 체력을 위해서 천천히 달리기를 하고 있다는 댓글들이 많이 달린다. 20대의 경우, 천천히 달리기와 함께 고강도 인터벌 운동을 많이 한다. 이는 체력을 강화하는 데 매우 효과적인 운동법이다.

젊다고 해서 다 체력이 좋지는 않다. 젊을 때부터 체력에 관한 관심을 가지고 꾸준히 체력 강화와 회복을 위한 운동을 하면서 평생 건강하게 살아갈 운동 습관을 만드는 것이 필요하다.

총정리

고강도냐, 저강도냐

고강도 운동은 저강도 운동보다 다루는 논문의 양이 무려 3배나 더 많다. 실제로 운동을 하는 사람들의 비율을 따지면 몇십 배는 더 차이가 날 것이다. 밖에서, 헬스장에서 달리는 사람들 대부분은 간헐적으로 빠르게 달리기를 한다. 바쁜 현대 사회에 시간을 겨우 쪼개서 운동하다 보니 시간을 효율적으로 사용하기 위해서 운동을 짧고 굵게 끝낸다.

하지만 움직임 전문가로서, 진정으로 건강을 생각한다면 움직이는 시간을 충분히 들여야 한다고 말하고 싶다. 천천히 달리기는 힘들지 않게 충분한 시간을 움직이게 한다. 요요 없이 체중감량을 원하는 사람, 체력의 전반적인 개선이 필요한 사람이라면 반드시 시도해 보기를 바란다. 중요한 점은 이전에 하던 운동을 중단하지 않고 천천히 달리기만 추가로 하는 것이다. 그래야 체력을 회복하고 최대 근력을 유지하며 부상 없이 오래 운동할 수 있다.

천천히 달리기 패턴

천천히 달리기 첫 달에는 대부분 좋은 결과가 나온다. 대신 회복 기전은 일어나지 않는다. 그다음 달에도 같은 속도로 달리거나 좀 더 느리게 달리면 회복 기전이 일어날 확률이 높아진다.

또한, 매달 점차 운동시간을 늘려서 달려야 한다. 예를 들어 주에 1시간씩 2회를 달렸다면, 그다음 달에는 1시간 10분씩 2회 또는 1시간씩 3회를 달린다. 또 그다음 달에는 1시간 20분씩 2회 또는 1시간씩 4회를 달린다.

하지만 시간을 무한정 늘릴 수는 없기에 더 이상 체력이 늘지 않는 시기가 온다. 천천히 달리기에 익숙해진 3달~4달째부터는 운동 자극에 변화가 필요하다. 이때 고강도 인터벌, 빠르게 달리기를 하게 되면 심폐지구력과 최대산소섭취량도 함께 증가하게 된다.

천천히 달리기를 했던 사람들은 한결같이 체력이 회복되는 것을 경험했다. 나이와 기초체력에 상관없이 자신에게 맞는 강도로 천천히 달리기를 하면 체력 회복을 경험할 수 있다.

자주 하는 질문 TOP 10

천천히 달리기에 관해서 흔히 갖는 궁금증들을 중심으로 구성했다.

Q1. 달리기 대신 걷기를 해도 될까?

A: 평소에 걷기 운동을 충분히 하지 않았던 사람이라면 몸에 부담이 가지 않도록 걷기부터 시작하는 것이 좋다. 하지만 걷기만으로는 체력 강화까지 이르기에 충분치 않을 수 있기 때문에 약 한 달간의 워밍업 걷기 이후에는 천천히 달리기로 전환해야 한다.

Q2. 천천히 달리기와 경보의 차이는 뭘까?

A: 천천히 달리기는 언뜻 빠르게 걷기와 비슷한 것 같지만 근육활성도에서 차이가 난다. 빠르게 걷기를 통해서도 비슷한 효과에 미칠 수 있지만 달릴 수 있다면 되도록 달릴 것을 추천한다.

Q3. 제자리에서 천천히 달리기를 해도 될까?

A: 제자리 뛰기도 마찬가지로 지면을 차며 앞으로 나아가는 실제 달리기와는 근육의 활성도가 다르다. 그렇기 때문에 제자리 뛰기보다는 트레드밀이나 야외에서 실제로 달리기를 하는 것이 좋다.

Q4. 천천히 달리기를 매일, 또는 하루에 두 번씩 해도 될까?

A: 가능하다. 천천히 달리기는 매일 해도 될 정도로 가벼운 운동이다. 하루에 두 번 뛰어도 상관없다. 하지만 절대적인 운동량이 많아지면 힘들 수 있다. 과유불급! 무리하지 말고 점차 운동량을 늘려 가도록 하자.

Q5. 중간에 쉬면서 해도 될까?

A: 천천히 달리기는 지속성이 가장 중요한 운동이라고 할 수 있다. 절대 중간에 걷거나 멈춰서 쉬지 않고 1시간을 내리 뛰는 것을 목표로 해야 한다.

Q6. 심박수가 너무 높아지는데 괜찮은 걸까?

A: 운동 초반에는 몸이 달리기에 적응을 하지 못한 상태이기 때문에 심박수가 높게 나오는 경우가 많다. 하지만 적게는 2~3번 정도 운동을 하고 나면 같은 속도에서도 심박수가 점점 떨어지는 것을 확인할 수 있다.

Q7. 천천히 달리기만 했는데 몸살이 난 것처럼 아픈 이유는 뭘까?

A: 자신의 몸에 적합하지 않은 운동 강도일 가능성이 높다. 측정을 통해 자신에게 맞는 편안한 강도를 설정해야 한다.

Q8. 원래 하던 운동을 병행해도 될까?

A: 기존 운동량을 유지하되, 하고 있던 운동과 천천히 달리기를 같은 날에 하게 될 경우에는 꼭 시간대를 나누어 따로따로 해야 한다. 오전과 오후로 나누어 6시간 이상 충분한 시간 간격을 두고 운동하자.

Q9. 천천히 달리기를 주말 이틀 동안 몰아서 해도 될까?

A: 초반에는 되도록 2~3일의 간격을 두고 운동하는 것을 추천한다. 피로도를 관리하고 충분한 휴식을 취해야 꾸준히 운동할 수 있다.

Q10. 살을 빼려면 중강도 운동을 해야 하는 것 아닐까?

A: 중강도의 운동이 지방과 탄수화물을 잘 태우는 강도라면, 천천히 달리기와 같은 저강도 운동은 지방을 태우는 능력 자체를 키워 준다.

Part 2.

천천히 달리기의
과학적 효과

= 1 =

체력이 좋아지려면 무조건
힘들게 운동해야 할까?

사람들은 대부분 저강도의 운동을 잘 하지 않는다. 운동하다 보면 고강도에 익숙해지기도 하고, 짧고 굵게 끝나는 운동이 오히려 편하기 때문이다. 또, 중고강도 운동을 하면 자극이 확실해서 운동이 되는 느낌이 든다.

반면, 저강도는 어쩐지 설렁설렁하는 느낌이라 운동이 될까 싶은 생각이 들 수 있다. 실제로 헬스장이나 야외에서 달리는 사람들을 보면 낮은 강도로 느리게 달리는 사람을 거의 본 적이 없다.

하지만 저강도 유산소는 운동을 처음 시작하는 사람에게 꼭 필요하다. 운동을 처음 하는 사람들은 체력이 약한 상태이기 때문에 먼저 체력을 회복하는 것이 필수적이다.

저강도 유산소는 운동 숙련자인 선수들에게도 꼭 필요하다. 저강도와 고강도 운동을 같이 해 주어야 회복 능력과 체력을 키울 수 있기 때문이다. 이렇게 하면 강도 높은 운동 후에도 운동을 지속할 수 있는 페이스를 빠르게 되찾아 더 많은 양의 운동을 할 수 있다.

저강도 유산소 운동의 효과

첫째, 사용한 에너지가 다시 채워지는 에너지 회복 능력이 좋아져서 더 많은 양의 활동을 할 수 있다.

둘째, 지방을 잘 쓰는 몸을 만들어서 같은 강도의 운동을 해도 더 효율적으로 체중감량을 비롯한 운동 효과를 볼 수 있다.

셋째, 심장의 크기가 증가해서 심장이 강해진다. 이는 심혈관계 질환, 대사성 질환, 암 등을 예방하는 데 도움을 준다.

심폐지구력의 중요성

체력을 구성하는 요소에는 4가지가 있다. 관절의 가동범위를 좌우하는 유연성, 힘을 쓰는 데 필요한 근력, 근육에 산소를 운반하는 능력인 심폐지구력, 리듬감과 운동신경에 필요한 민첩성이다.

천천히 달리기는 이 중에서도 심폐지구력을 향상한다. 심폐지구력은 오랜 시간 동안 계속되는 운동이나 일에도 견딜 수 있는 능력을 말하는데, 심폐지구력이 강하면 무엇을 하든 쉽게 지치지 않고 오래 할 수 있다.

심폐지구력은 심장과 폐에서 최대 얼마만큼의 산소를 장시간 운반할 수 있는지에 달려 있다. 따라서 얼마나 더 많이, 얼마나 더 오랫동안 산소를 사용할 수 있는지가 중요하다. 천천히 달리기가 필요한 이유는 쉽게 지치지 않고 오래 달릴 수 있는 지구력을 향상하기 위함이다.

◆ 체력과 산소

쉬운 이해를 위해 토끼와 거북이 캐릭터를 설정해 보았다.

👉 (토끼): 직장인이자 살을 빼기 위해 고강도 운동을 열심히 하는 달리기 초보

🐢 (거북이): 주기적으로 천천히 달리기를 하는 트레이너

🐢 토끼 회원님! 지난주보다 훨씬 편하게 잘 움직이시는데요? 주말 동안 어디 다녀오셨어요?

👉 거북쌤, 저 주말 동안 제주도 다녀왔어요~

🐢 와, 어쩐지 체력이 좋아진 것 같더라니!

👉 서핑도 하고, 등산도 하고… 많이 걷고 많이 둘러봤죠! 요즘 날씨가 좋아서 어딜 가든지 걸어 다니면 너무 좋더라고요. 하루 평균 1만 보는 찍은 것 같은데요!

🐢 왜 휴가를 다녀오고 나면 체력이 좋아진 듯한 느낌이 들까요? 실제로도 체력이 좋아진 걸까요?

평소에 많이 앉아 있는 우리는 휴가를 다녀오고 나면 뭔가 개운하고 몸이 좋아진 느낌이 들죠! 보통 사람들이 쾌적하게 느끼는 공기 중 산소의 농도는 21%인데요. 서울 도심은 20.6%이고 숲이나 바닷가를 가면 산소 농도가 더욱 증가해요. 아마존 열대 우림은 무려 23%!

우리가 휴가로 가는 곳이 대부분 물 좋고 산 좋은 곳인데, 그런 곳에 가면 구경을 하느라 평소에 걷는 것보다 배는 많이 걷게 되죠. 산 좋고 물 좋은 곳은 공기 중 산소함량도 더 높고, 걷거나 가볍게 뛰면서 근육의 산소포화도가 높아져 몸 안에 산소가 더 많아진답니다.

✍ 산소가 많은 상태에 자주 노출될수록 우리 몸이 좋아진다는 거네요?

🐘 네, 맞아요! 휴가를 가면 사무실에서 일하면서 그동안 많이 유입시키지 못했던 산소들이 몸에 들어오면서 몸이 회복할 기회가 생기는 거예요. 그러니 건강을 위해서 주저 말고 분기별로 휴가를 떠나세요~^^

눕기 < 앉기 < 서기 < 걷기 < 가볍게 뛰기

| 신체 움직임에 따른 근육의 산소 유입 정도

더 많은 근육을 약한 강도로 사용할수록 더 많은 산소가 근육으로 유입된다. 산소가 많은 곳에서는 산소가 몸 안에 더 많이 유입되다 보니 체력이 자연스럽게 좋아질 수밖에 없는 것이다.

산소를 사용하는 능력은 곧 체력의 지표가 된다. 몸 안에 산소를 더 많이 유입시키고 받아들인 산소를 잘 쓸 수 있는 능력을 키우는 것이 바로 체력을 회복하고 강화하는 방법이다.

1시간 이상 천천히 달리기를 해야 하는 이유

헬스장에서 가장 붐비는 곳 중 하나가 트레드밀이다. 걷는 사람, 달리는 사람 등 다양한 사람들이 트레드밀을 사용한다. 그중 달리기하는 사람들을 보면 유산소 운동을 30분 정도 하는 경우가 많다. 근력 운동을 하기 전 워밍업 차원에서 하는 사람들도 있고, 유산소 능력을 키우려는 사람들도 있다. 유산소 능력을 키우기 위해서는 달리기를 얼마나 해야 효과가 있을까?

> 🐧 2021년 《헬스케어Healthcare》 저널에 실린 논문을 보면 개인 맞춤형 저강도 운동의 시간에 따른 효과를 볼 수 있어요! 운동의 총량은 같지만, 지속시간이 달랐던 두 그룹을 비교했어요. 30분 동안 4회를 한 그룹과 1시간 동안 2회를 한 그룹 중 어느 그룹의 체력이 좋아졌을까요?
>
> 👉 음… 보통 유산소 운동을 30분 정도 하니까 두 그룹 다 똑같이 좋아지지 않았을까요?
>
> 🐧 천천히 달리기를 할 때는 시간이 굉장히 중요해요. 두 그룹 중 1시간 동안 2회를 했던 그룹의 체력이 더 좋아졌답니다. 그래프를 보세요!

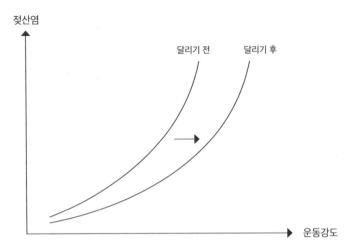

젖산염

달리기 전   달리기 후

운동강도

| 1시간에 2회 천천히 달리기의 효과

🐰 어머머! 너무 신기하네! 저강도로 느리게만 달렸을 뿐인데, 고강도 영역까지도 그래프가 더 좋아졌네요? 대박!

🐘 네, 자신에게 맞는 강도로 운동하게 되면 전반적인 체력이 좋아져서 이전보다 더 높은 강도에서도 버틸 수 있어요. 중강도와 고강도까지 기존보다 더 좋아져요. 그건 더 많은 운동을 할 수 있다는 뜻이기도 하죠!

운동 강도 설정이 중요한 이유

🐘 토끼 회원님, 설마 바로 인터벌 고강도 운동을 하는 거예요?

🐰 네!

🐘 어제 운동 강도를 아주 세게 해서 근력 운동과 유산소로 서킷

트레이닝한 것도 봤어요. 1시간 내내 미친 심박수로 '오운완(오늘 운동 완료)' 했던데요?

🐦 네, 맞아요. 하고 나서 너무 힘들었어요. 솔직히 어지럽기도 했고요. 토할 것 같았어요. 약간 몸이 삭은 느낌이 들었는데 칼로리 소비량을 보니 살이 빠진 것만 같아서 뿌듯하던걸요?

🐦 근력을 키울 때 바로 무거운 무게를 들 수 없듯이, 달리기 운동도 약한 강도부터 서서히 강도를 올려야 해요! 근력 운동을 할 때와 마찬가지로 지구력을 어느 정도 키운 뒤에 강하고 빠른 달리기로 차근차근 넘어가길 추천해요. 기초를 단단하게 다지면서 단계별로 나아가지 않으면 모래 위의 탑처럼 불안정해지고 말아요.

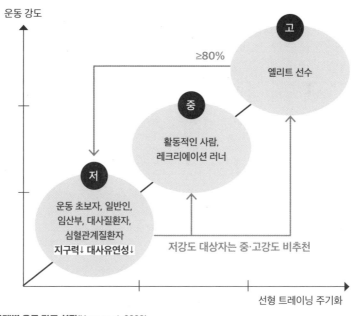

| **단계별 운동 강도 설정**(Yang et al, 2022)

장시간의 고강도 운동 뒤에 몸이 삭은 것 같거나 몸살에 걸릴 것 같을 때, 그것이 과연 단순히 느낌에 불과할까?

지나치게 높은 강도로 장시간 운동을 하게 되면 탄수화물을 과하게 사용하게 된다. 면역이 떨어져 몸에 무리가 갈 수도 있다. 너무 과한 근력 운동은 근육, 근막의 통증을 유발할 가능성이 크고 에너지 소비 측면에서도 부정적이기는 마찬가지이다.

또한, 초반에 너무 높은 강도로 운동을 시작하게 되면 피로가 금세 쌓여 목표했던 시간만큼 운동을 지속할 수 없게 된다. 고강도 운동은 탄수화물을 급하게 사용하는데, 이때 에너지를 쓰는 과정에서 젖산염이 쌓이게 된다. 앞서 말했듯, 젖산염 수치가 높아지면 탄수화물 소비가 많아져 금세 지치게 된다.

탄수화물을 과하게 사용하지 않는 것이 중요한 이유는 또 있다. 에너지 대사량을 보면 간, 뇌, 심장 순으로 높다. 생각보다 근골격계에서 사용되는 비중은 그다지 크지 않다. 탄수화물인 당은 뇌의 주된 에너지원이자 면역을 위해서 꼭 필요한 요소이기 때문에 여유량을 확보해 놓는 것이 건강상 유리하다.

2

천천히 달리기의 첫 번째 효과
피로 감소

피로에 관해서 이야기할 때 꼭 등장하는 물질이 있다. 바로 젖산이다. 젖산은 Lactic acid라고 하며, 김치에도 들어 있다. 체내에서는 젖산의 형태로 머무는 시간이 굉장히 짧고, 주로 젖산염의 형태로 존재하게 된다. 인간의 몸 안에 있을 때 산acid의 형태는 불안정하므로, 수소 이온이 떨어져 음이온인 젖산염Lactate의 형태로 변하는 것이다.

우리 몸이 산소를 사용하면서 하는 운동을 유산소 운동이라고 부른다. 이렇게 산소를 사용할 때는 지방과 탄수화물을 둘 다 에너지원으로 사용하지만, 산소를 충분히 사용하지 못할 경우는 탄수화물에서 급하게 에너지를 얻는다. 그러면 그 부산물로 젖산염이 생기게 된다.

> 👉 힘들다…. 빠르게 달리고 나니 젖산염 수치가 높아졌어요. 더 이상은 운동 못 하겠어요! 쌤, 어떻게 하면 젖산염을 빨리 없앨 수 있나요?
> 💬 가볍게 움직여 주면 젖산염의 수치를 더 빠르게 줄일 수 있어요.

거북이
느리게 달리는 중

토끼
빠르게 달리는 중

🐘 그래프를 보면, 불완전 휴식을 할 때 젖산염 수치가 더 빠르게 떨어진다는 것을 알 수 있어요. 운동이 끝난 뒤에 바로 앉거나 누워서 완전 휴식을 하기보다는 불완전 휴식으로 걷거나 가볍게 뛰면서 저강도 운동까지 해 주는 게 좋아요.

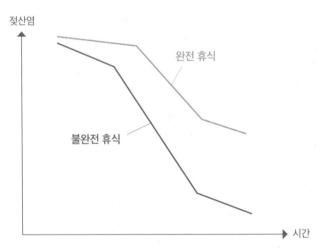

| 완전 휴식과 불완전 휴식의 젖산염 수치 비교

🐙 이뿐만이 아니에요! 천천히 달리기를 주기적으로 해 줄 경우, 오히려 운동 시작 전보다 운동을 시작했을 때 젖산염의 수치가 좀 더 떨어지는 모습이 나타나요. 그래서 천천히 달리기를 꾸준히 하면 저강도로 운동할 때 오히려 운동하기 전보다 몸이 덜 피로 해진답니다. 자신에게 맞는 낮은 강도로 운동을 할 때 젖산염이 줄어들면서 회복 기전이 일어나는 거예요!

👉 그렇군요! 그런데 회복 기전이라는 건 무슨 뜻인가요?

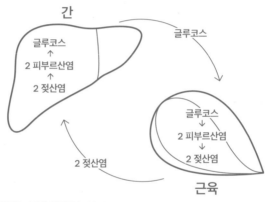

ㅣ간과 근육에서 발생하는 코리 사이클Cori Cycle

🐙 회복 기전은 젖산염이 당으로 전환되는 것을 말해요! '포도당 신생합성'이라고 부르기도 하는데, 단어가 어렵죠? 나에게 맞는 저강도의 운동을 하게 되면 간으로 가는 혈류량이 증가하면서 근육에 있던 젖산염이 간으로 들어가 당(글루코스)으로 전환되고, 그당이 다시 근육으로 돌아오는 거예요. 사실 우리가 아직도 피로 물질이라고 많이들 알고 있는 젖산염은 운동 강도를 나타내는 지표이지 피로의 원인은 아니에요.

👆 젖산 때문에 피로해지는 줄 알았는데, 그게 아니었다고요? 지금까지는 당이 떨어지는 느낌이 들면 급하게 당 충전을 하려고 초콜릿이나 음식으로만 해결하려고 했었는데 몸 안에 있는 젖산염이 당으로 바뀔 수도 있군요. 신기하다! 당으로 변하는 귀한 존재였다니, 젖산… 아니, 젖산염을 다시 보게 되네요!

👤 피로의 정확한 원인을 밝히려는 연구는 아직 진행 중이지만, 가장 유력한 추측은 아데노신 삼인산에서 가수분해(에너지 발산 후)된 무기질 인산의 축적이에요. 또, 운동한 후 며칠이 지나고 피로한 이유는 중추신경과 말초신경 등 신경계의 피로 때문이고요. 참고로 호흡이 힘든 것은 이산화탄소의 배출량에 영향을 받아요!

젖산이 피로물질이라는 오해

백신이라는 단어를 처음 사용했던 사람이자 우리에게는 우유와 이유식으로 친숙한 파스퇴르Pasteur! 1856년 그는 연구 중 유산균이 젖산을 생성한다는 사실을 밝혀냈다. 이후 살린Sahlin은 근육 안의 산소와 피로도(Ph 레벨)의 상관관계를 발견했다. 피로도가 상승할수록 체내 젖산염의 수치가 높아진다는 것이었다. 이후 젖산에는 피로물질이라는 낙인이 찍혔다.

1980년대에 이르러서 브룩스Brooks는 젖산과 피로의 인과관계가 잘못되었다고 밝혔다. 젖산 셔틀에 대한 이해를 새로이 하게 되면서, '젖산염이 생겨서 피로한 것이 아니라 피로해서 젖산염이 생긴 것으로 봐야 한다. 젖산염은 에너지로 사용된다.'라는 주장이 등장했다.

최근 논문에 의하면 '젖산은 스트레스에 대한 회복력을 증진하며 항

우울제로 작용한다.'라는 연구 결과도 있다. 이렇게 서서히 패러다임이 바뀌기 시작했지만, 젖산은 아직도 피로물질이라는 첫인상 탓에 오해를 받고 있다.

이미 피로물질이라는 인상이 깊게 박힌 젖산은 오래도록 피로의 직접적인 원인이라는 오명을 썼다. 마치 겉으로는 무뚝뚝해 보이지만 속은 배려심이 깊고 친구들을 잘 챙기는 사람처럼, 젖산은 오해와 달리 잘 알게 되면 참 고마운 존재이다. 체내의 젖산염을 통해 몸에 얼마만큼 피로가 쌓이는지 알아볼 수 있고, 에너지원으로도 다시 사용되는 유용한 물질이다.

Tip! 젖산염이 쌓인다는 것은 에너지원으로 탄수화물이 많이 사용되고 있다는 뜻! 무산소성 과정의 개입이 높아지고 있구나!

🙂 몸에서 일을 가장 많이 하는 기관 TOP 3를 만나 볼까요? 언뜻 보면 겉으로 계속 움직이고 있는 근골격계가 가장 많은 일을 할 것 같지만, 사실 보이는 부분은 빙산의 일각이랍니다. 몸 안에 있는 내장 기관들이 훨씬 많은 일을 하고 있어요.

| 몸속 기관의 에너지 대사량

압도적으로 1위를 차지한 간의 에너지 대사량은 대략 29%, 뇌는 19%, 거의 비슷한 수치로 근골격계가 그다음, 심장은 약 10%에요. (수치상으로 약간의 차이가 있을 수 있어요!) 그럼 고생하는 세 기관

의 노고를 듣는 시간을 가져 볼게요. 3위부터 이야기해 주세요!

3위 심장: 안녕, 난 심장이야! 나의 주 에너지원은 사실 지방이야. 지방이 너무 부족하면 내가 일하기 힘들단다. 전 세계적으로 제일 높은 사망 원인이 심혈관계 질환이라는 사실, 알고 있니? 운동을 통해서 질병을 예방하고 나를 아껴 주었으면 해.

2위 뇌: 난 뇌야. 내 주 에너지원은 탄수화물인데(물론 약간의 지방도 케톤체로 바꿔서 사용하지만), 나뿐만 아니라 면역계에서도 탄수화물을 필요로 하기 때문에 탄수화물은 참 귀하고 중요해. 다이어트를 할 때 탄수화물을 극도로 제한하지 말아야 하는 이유도 바로 그래서야. 또, 강도 높은 운동을 갑자기 수행하면 에너지 사용이 비효율적으로 이루어지게 돼. 운동할 때만큼은 탄수화물을 비축하는 쪽이 몸에 더 유리하단다. 날 위해서 적절한 탄수화물을 섭취해 주길 바라!

1위 간: 난 큰 형님인 간이야. 안녕? "간 때문이야~"라는 노래 알지? 내가 알코올을 분해한다는 사실은 대부분 알고 있을 것 같아. 하지만 그 외에도 쉴 새 없이 움직여야 할 만큼 내가 하는 일은 정말 많아. 나는 호르몬을 만들고 에너지 대사를 하는 기관이기도 하지. 네가 다이어트를 하고 있다면 들어 봤을지도 모르겠는데, 나는 탄수화물을 글리코겐으로 저장해 놓고 필요할 때 분해해서 사용해. 한마디로 당을 만드는 거지! 아 참, 그리고 젖산염도 당으로 만들어. 가끔 신장이 도와주기도 하지만 내가 가장 많은 일을 해. 한 가지 당부하고 싶은 게 있어. 나에게 알코올을 들이부으면 내가 너무 바빠져서 에너지 대사에 쓸 힘을 뺏기기 때문에 에너지원을 분해하는 일을 하기가 힘들어. 멀티로 일하는 게 힘들다는 건 다들 알지? 그러니까 건강을 생각해서 술은 적당히~^^

= 3 =

천천히 달리기의 두 번째 효과
체중 조절

많은 사람이 체중감량을 목표로 운동을 한다. 체중감량에는 다양한 방법이 있지만, 장기적인 관점에서 생각한다면 요요로 고생하지 않도록 건강하게 지방을 잘 사용하는 몸을 만드는 것이 좋다.

🐾 으~ 오늘 특별히 한 일도 없는데 왜 이렇게 힘이 들까요?

🐧 요즈음 계속 앉아만 있었어요?

🐾 많이 앉아 있었죠! 최근에 업무가 많아져서 모니터를 계속 봐야 하거든요.

🐧 많이 앉아 있고 움직이는 시간이 적어질수록 우리 몸은 약해져서 낮은 강도의 움직임에도 탄수화물을 많이 사용하기 때문에 조금만 움직여도 몸이 피곤할 수 있어요. 그래프를 볼까요?

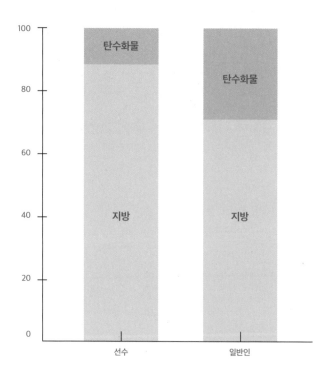

| 저강도 운동 구간에서 선수와 일반인의 대사유연성 비교

● 일반적으로 낮은 운동 강도에서는 에너지원으로 지방을 제일 많이 사용하게 돼요. 몸이 산소를 사용할 수 있는 시간적인 여유가 있기 때문이에요. 그런데 앉아 있는 시간이 많아진 일반인들의 경우는 낮은 강도에서도 탄수화물을 많이 사용할 확률이 높아요. 바로 대사유연성이 떨어지기 때문이에요. 대사유연성은 에너지를 생산할 때 주된 에너지원을 결정하는 능력인데, 지방을 사용하는 대사유연성이 떨어지는 것이죠.

👉 으아… 대사유연성을 높이려면 어떻게 해야 해요?

● 바로 지구력 운동, 천천히 달리기죠! 1시간 이상의 천천히 달리기를 하면 심폐기능이 좋아질 뿐만 아니라 에너지 대사 자체가

좋아지게 돼요. 근육에서 지방을 사용하는 능력을 높여서 운동할 때 지방 대사가 잘 이루어질 수 있도록 해 주죠.

먼저, 모세혈관 밀도가 증가해서 근육으로 전달되는 유리지방산이 늘어나요. 둘째, 근육에 유리지방산을 수송하는 능력이 좋아져요. 셋째, 근섬유의 미토콘드리아 양이 증가하고 유리지방산을 세포질에서 미토콘드리아로 이동시키는 능력이 좋아져요.

🐘 음… 너무 어려워요! 좀 더 쉽게 설명해 주세요!

🐧 용어가 좀 어려워서 그렇죠? 쉽게 설명하자면, 모세혈관은 지방을 이동시키는 기차에요. 기차의 수가 더 늘어나고 기차의 기능이 업그레이드되어서 지방 이동이 더 많이, 빨리 일어나는 거예요! 그렇게 더 많은 지방을 근육으로 이동시킬 수 있게 된다고 보면 돼요. 미토콘드리아가 에너지를 만드는 공장이라면, 세포질은 그 공장들을 한데 모아 놓은 것이라고 볼 수 있고요.

미토콘드리아 = 에너지 공장   세포질 = 에너지 공장을 모아놓은 것

낮은 강도로 긴 시간 운동을 하게 되면 혈액 안의 지방 사용이 증가한다.

🐧 지방이 사용될 때는 근육 내부에 있던 지방이 절반, 혈액 내의 지방이 절반 사용돼요. 모세혈관 밀도가 증가하면서 천천히 유리지방산이 모세혈관을 통과하여 세포로 흡수되는 시간을 증가시키는데 이때 혈액에 있는 지방은 거의 제한 없이 시간이 지나도 계속해서 생겨요!

👉 아! 그래서 체중감량을 하려면 1시간 이상 운동하라고 하는 거군요?

지금 당장 빨리 살을 빼려는 생각보다는 애초에 살이 잘 찌지 않는 몸을 만드는 것이 길게 보면 더 중요하다. 그러므로 자신의 체력을 알고 적절한 강도로 운동을 해 주어야 한다. 대사유연성은 높이고 피로도는 낮추며 건강하게 운동할 수 있다.

가장 효과적인 체중감량 운동법

🗣 2018년 《프론티어스Frontiers》 저널에 실린 논문 「과체중 비만 여성의 대사증후군 요인에 효과적인 방법Effects of Polarized Training on Cardiometabolic Risk Factors in Young Overweight and Obese Women: A Randomized-Controlled Trial」은 체지방 감량에 가장 효과적인 운동법을 제시했어요.

다음 중 체중감량에 가장 효과적인 운동법은 무엇일까요?
1. 고강도, 아주 힘들고 강한 운동
2. 중강도 운동
3. 양극화 운동 (고강도와 저강도를 1~3:7~9 비율로 섞은 운동)

👉 살을 빨리 빼려면 고강도로 빡세게 운동하는 게 가장 효과적인 것 아닌가요?
🗣 일정 부분은 맞는 말이에요. 물론 고강도만 한 그룹도 효과는 있었지만, 가장 효과가 좋았던 것은 바로 3번이었어요! 고강도 운

동과 함께 저강도 운동으로 지방을 잘 사용하는 능력을 키웠기 때문이에요.

고강도 운동만 해도 어느 정도 체중감량에 효과가 있는 건 사실이에요. 고강도 운동을 한 뒤에는 초과 산소섭취량, 즉 EPOCExcess Post Oxygen Consumption가 늘어나요. 운동할 때 산소가 부족해서 헉헉거리며 빚진 산소를 운동 뒤에 갚으면서 에너지 소비도 함께 늘어나죠.

하지만 체중감량 효과를 가장 강력하게 보기 위해서는 주기적으로 고강도와 저강도 운동을 병행하는 것이 좋아요. 단기간의 효율을 따진다면 고강도로 칼로리 소모를 많이 하고 닭가슴살을 먹으면서 운동하는 것만이 빠르게 체중감량이 되는 듯 보이지만요! 지방을 태우는 능력을 높여 주며 저강도와 고강도 운동을 함께 진행하는 것이 멀리 보면 더 효율적인 방법이죠.

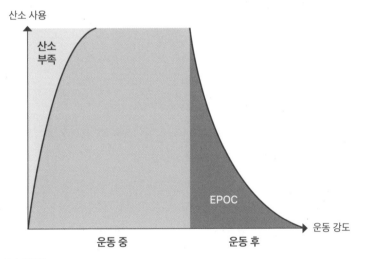

| 초과 산소섭취량

4

천천히 달리기의 세 번째 효과
심장 강화

거북이는 1분에 3~5번만 호흡할 정도로 호흡 횟수가 아주 적다. 분당 심박수는 평균 20이다. 거북이의 평균 수명은 100년이며, 유독 장수하는 갈라파고스 거북이는 수명이 170년에 달한다. 갈라파고스 거북이의 심장은 1분에 6번밖에 뛰지 않는다.

반면, 토끼는 1분에 평균 55회의 호흡을 하고 분당 평균 심박수는 무려 180~350이다. 토끼의 평균 수명은 10년이다.

사람은 어떨까? 사람은 분당 평균 16~20회의 호흡을 하고 60~80번 심장이 뛴다. 사람의 평균 수명은 83년이다.

심장 박동수와 호흡수가 적어짐에 따라 수명이 연장된다고 봐도 될 정도로, 심박수 감소는 장수하는 지름길이다. 심장이 커지면 심장이 느리게 뛰어도 많은 양의 혈액을 온몸으로 보낼 수 있다.

아주 천천히 달리는데도 과연 심장과 지구력이 좋아질 수 있을까? 이런 의문이 들 수도 있다. 그러나 과학적인 증거가 없었다면 나 역시 시작도 하지 않았을 것이다.

안정 시 심박수 감소

안정 시 심박수는 누워서 아무것도 하지 않고 있을 때의 평균 심장 박동 수이다. 5분 동안 가만히 누워 있는 상태에서 측정할 수 있다. 평균 성인 기준으로는 1분에 60~80회이고 훈련이 잘된 선수들의 경우 40회 정도이다.

심장의 크기가 클수록 심장이 불필요하게 일을 많이 하지 않아도 되어 안정 시 심박수가 낮아진다. 심장의 크기가 크면 느리게 뛰어도 한 번에 내뿜을 수 있는 혈액의 양이 많아서 운동할 때에도 더 빠르게 안정 시 심박수로 돌아올 수 있다. 따라서 고강도 운동을 하더라도 더 빨리 페이스를 회복하고 더 많은 운동량을 소화할 수 있다.

또한, 안정 시 심박수는 건강의 지표로 새로이 주장될 만큼 중요하다. 안정 시 심박수가 높아질수록 심혈관계 질환과 암의 발병률이 높아지기 때문이다. 2019년 국가 암 등록통계를 분석한 결과, 우리나라 국민이 기대수명(83.5세)까지 생존할 경우 암에 걸릴 확률은 37.9%로 집계되었다. 성별 기준으로 남자는 5명 중 2명, 여자는 3명 중 1명에게 암이 발병할 것으로 추정된다. 암을 예방하는 것이 얼마나 중요한지 말해 주는 충격적인 수치이다.

1년 동안 천천히 달리기를 한 뒤 처음 운동을 시작할 때의 심박수와 비교해 보았다. 그 결과, 안정 시 심박수가 1년 전보다 더 낮은 것을 볼 수 있었다. 또한, 달리기를 시작하여 속도가 올라갈 때도 심박수가 급격히 올라가지 않고 서서히 올라가서 완만한 그래프를 보였다.

내가 처음 1시간에 3.4km/h로 달렸을 때는 평균 심박수가 135였다. 운동 강도로만 본다면 중강도에 해당한다. 달리기를 해 보지 않은 상태였기 때문에 몸이 적응이 안 되어 심박수가 높았다. 2, 3번째 운동을 하면서 점점 낮아지더니, 1년이 지난 뒤 측정한 심박수는 평균 100으로 저강도의 영역에 들어왔다. 테스트를 진행하며 3.6km/h부터 9.6km/h까지 달려 보니 심박수 그래프가 전보다 현저히 떨어진 것을 확인할 수 있었다. 심장이 커져서 더 많은 혈액을 내뿜을 수 있게 된 것이다.

보통 심장이 커지려면 심박수를 많이 높이는 고강도의 운동을 해야 한다고 생각하지만 그렇지 않다. 심장의 크기를 키우는 운동은 저강도로 천천히 달리는 것이다. 천천히 달리면 전신 운동을 통해 많은 산소, 즉 혈류가 필요해져서 1회 박출량이 늘어나게 된다.

왜 이렇게까지 천천히 달려야 하냐고 묻는다면 몸이 최대한의 산소를 머금고 있는 시간을 늘려 주기 위함이다. 뭐든지 잘하기 위해서는 그것을 여러 번 반복해서 익숙해져야 한다. 같은 원리로 몸에 산소가 머무는 시간을 꾸준히 늘려서 산소를 잘 사용하는 몸을 만들어 주는 것이다.

산소를 잘 사용하는 몸을 만들면 심혈관계 질환은 물론 대사 질환에도 도움이 되고, 암의 발병률까지도 낮아진다. 특히 암은 산소가 없을수록 활발해지는 유일한 세포이기 때문에 끊임없는 산소 머금기로 예방할 수 있다.

암의 발병 원인은 다양하지만 암을 예방하고 치료하는 과정에서 강조되는 점은 동일하다. 바로 면역력이다. 적당한 운동은 면역체계의 NK 세포가 활발하게 활동할 수 있도록 돕는다.

암 진단 후에도 유산소 능력을 향상시켜 주면 신진대사 프로그램이 다시 정리되어 암세포의 생존을 불리하게 만든다. 신체 활동을 많이 하면 할수록 암을 억제할 수 있는 가능성이 더 커진다. 저산소 환경에서는 악성 종양의 성장과 확산이 촉진되는 반면, 산소가 많은 환경에서는 암의 확산세가 감소하기 때문이다.

특히 심장 회복 훈련은 암 환자의 회복력을 증진하고 암과 항암 치료에 동반되는 생리적인 고통을 극복하도록 도와줄 수 있다. 심폐지구력 향상은 암 환자가 화학 요법을 받는 동안 구역질이 날 확률을 낮춰 준다. 면역 기능을 향상시켜 재발의 위험성을 줄여 주거나 차도가 나타날 가능성을 높여 주기도 한다. 또한, 심장과 폐의 기능이 향상되면 잠재적으로 치명적인 혈액 응고가 발생할 위험성도 적어진다.[1]

최대산소섭취량의 한계점 보충

최대산소섭취량은 몸이 섭취할 수 있는 최대치의 산소량을 말한다. 고강도 운동을 통해서 향상할 수 있으나 한계가 있으며, 산소를 섭취하는 능력은 나이가 들수록 줄어든다.

최대산소섭취량(VO2MAX) 감소에 따른 질병 증가율 1MET(=3.5ml/kg/min) 감소했을 때	
전체 사망률	13%
심혈관계 질환 발병률	15%
암 발병률	6%
암 사망률	12%
고혈압 발병률	19%
남성 중성지방	88.75mg/dl
허리둘레	7cm
남성 뇌졸중 위험도	5~24%
여성 뇌졸중 위험도	10~19%
공복시 혈당	18mg/dl

---

1   키이스 I. 블록, 《Life Over Cancer 암을 극복하는 생활》, 2015

🗯 헉!!! 질병 증가율이 이렇게나 높다니! 최대산소섭취량이 정말 중요한 거였네요!

🐾 그렇죠? 최대산소섭취량은 주요 질병들과 관계가 매우 깊어요. 타고난 심장의 크기가 커서 한 번에 많은 양의 혈액이 이동할수록, 천천히 수축해서 피로에 강해 오랫동안 활성화할 수 있는 지근 섬유의 비율이 높을수록 선천적인 최대산소섭취량이 많은데요. 유전적 요인도 있지만 달리기를 통해서 이러한 능력을 일정 수준 향상할 수 있어요. 아프지 않고 건강하기 위해서 천천히 달리기와 빠르게 달리기를 병행하는 양극화 트레이닝을 해 봐요!

고강도 운동은 최대산소섭취량을 늘리고, 저강도 운동은 젖산염 역치를 늘린다. 최대산소섭취량은 산소를 얼마나 흡수할 수 있는지 호흡의 순환 능력을 보는 것이다. 한편, 젖산염이 쌓이는 지점은 근육이 산소를 사용하는 능력, 즉 미토콘드리아의 에너지 대사를 보는 것이다.

최대산소섭취량은 숙련자가 될수록 꾸준히 운동하더라도 더 이상 향상시키기 어려운 한계를 맞게 된다. 고강도 운동은 최대치를 끌어올리는 운동이기 때문에 비숙련자가 시도하기에는 다소 어렵고, 고령자들에게는 위험할 수도 있다.

이에 반해 천천히 달리기, 저강도 운동은 몸이 버틸 수 있는 운동 강도의 한계치를 높여 주는 운동으로, 젖산염이 전신으로 퍼진 뒤에 빠르게 혈류가 이동하여 에너지로 사용되는 능력을 키워 주는 것이다. 자신에게 적합한 강도를 잘 맞춰 지구력 운동을 하면 체력이 지속적으로 좋아질 수 있다.

= 5 =

천천히 달리기의 네 번째 효과
정신 건강

우리의 몸과 마음은 긴밀하게 연결되어 있고 서로 영향을 미친다. 스트레스를 받으면 교감신경이 활성화되고 심박수가 높아지는데, 이는 마치 짐승이 달려올 때 도망갈 수 있도록 본능적으로 몸이 반응하는 것과 비슷하다. 당장 뛰어 도망쳐야 하는 위기 상황으로 인식하는 것이다.

몸이 이런 스트레스 상황에 놓이면 더 강한 자극을 통해 카타르시스를 주는 것이 스트레스를 푸는 데 효과적이다. 몸을 빠르게 걷거나 뛰듯이 움직임으로써 스트레스 상황에서 도망쳤다고 뇌에 착각을 주는 것이다. 그러면 몸은 위기 상황에서 벗어난 것으로 판단하고 호르몬을 변화시킨다.

따라서 우울함이 느껴지거나 스트레스 상황에 놓여 있다면 가볍게 뛰어 주는 것이 도움이 된다. 최대한 빠른 걸음으로 걷거나 달리기를 해주는 것이다.

우울감을 해소하는 움직임

걷기와 뛰기는 앞으로 나아가는 느낌을 주어 내 삶을 느끼는 방식에도 영향을 줄 수 있다. 심리학자들은 움직이는 방향이 생각에 영향을 미친다는 것을 발견했다. 앞으로 나아가는 움직임은 미래에 관한 생각을 고취해 준다.

우울감의 가장 위험한 요소는 곱씹음이다. 과거에 했던 말과 행동을 과도하게 분석하면 우울감이 강해진다. 이때 달리기와 같이 물리적으로 앞으로 나아가는 행동을 함으로써 기분을 바꿀 수가 있다. 몸이 과거의 나쁜 기억으로부터 멀어졌다고 느끼도록 만들어서 악순환을 멈추는 데에 도움을 주는 것이다.

보건복지부의 「2022 자살예방백서」에 따르면, 2019년 통계를 토대로 집계한 OECD 회원국 자살률 순위에서 한국이 1위였다. 수면 시간이 제일 적은 나라, 움직임이 제일 없는 나라가 바로 한국이다.

자신의 몸 상태를 스스로 확인한다면 생명을 유지할 원동력을 얻을 수 있다. 왜 우울한지, 먹고, 자고, 움직이는 가장 기본적인 본능이 잘 채워지고 있는지, 몸의 움직임이 너무 적지는 않았는지, 우리의 몸에 꼭 필요한 것들이 충분한지 먼저 확인해 보자. 시간을 내어 움직이면 몸이 스트레스를 적당히 해소할 수 있고, 그렇게 새로워진 몸에는 새로운 생각이 찾아올 것이다.

Part 3.

천천히 달리기
시작하기

1

달리기를 시작하기 전에

요즘 20~30대 사이에서 그룹으로 함께 달리는 시티런City Run이 유행이다. 함께 달리기 때문에 재미가 있고 달리기 습관을 들일 수 있다는 장점이 있다. 그런데 달리기 입문자들이 바로 그룹 트레이닝을 시작하게 되면 강도가 본인의 체력보다 높아 무리가 될 수 있다. 체력을 생각한다면 먼저 4km/h 이상을 자신의 저강도 영역대로 만들어 너무 힘들지 않게 달릴 수 있는 몸을 만든 뒤 그룹 달리기를 하길 추천한다.

일반적으로 천천히 달리는 속력이라고 하면 1시간에 5~7km를 이야기하지만, 그간 달리기를 해 오지 않았던 사람에게는 힘든 속력이다. 나의 경우 5km/h를 저강도 영역대로 만들기까지 대략 6개월이 걸렸다. 2~3개월은 천천히 달리기에 익숙해진 뒤 점차 속력을 늘리다가 강도가 높은 7~10km/h 정도의 빠르게 달리기를 병행해 보자. 그것이 익숙해지면 5km/h도 중강도가 아닌 저강도의 천천히 달리기가 된다.

2

차근차근 시작하는
천천히 달리기 프로그램

걷지 않았던 사람은 바로 달릴 수 없다. 평소에 잘 걷지 않았다면 우선 걷기부터 시작하자! 걷기부터 시작해서 빠르게 1시간 걷기를 목표로 한 달간의 여정을 먼저 시작한다.

한 달의 워밍업 걷기 후에 천천히 달리기를 시작한다. 운동은 스트레스와 자극에 대한 몸의 적응이다. 맨 처음 달리기 시작할 때에는 30분을 쉬지 않고 달리기만 해도 목표의 절반은 한 것이다.

운동시간을 점차 늘려 가면서 50분~1시간까지 달릴 수 있는 몸을 만든다. 우리의 목적은 지구력 운동이기 때문에 목표 시간을 최소 1시간 이상으로 늘려야 한다.

지구력 운동에서 가장 중요한 것은 지속시간이다. 1시간을 중간 휴식 없이 달려야 한다. 중간에 힘이 든다면 충분히 낮은 강도로 느리게 달리고 있다고 볼 수 없다. 강도를 다시 설정해야 한다. 걷는 속도보다 약간 느린 정도로 가볍게 뛰어 주며 1시간을 유지하는 것이 중요하다.

첫 달리기는 달리기 명상으로

달리기 명상은 무엇일까? 달릴 때 바른 자세를 유지하지 않으면 다칠 수 있다. 처음 달리는 것이라면 달리고 있는 몸을 인지하면서 달려야 한다. 계속 달리다 보면 무의식적으로 어느 곳에 힘을 주는지도 모른 채로 달리기 쉽다. 습관을 잘 들이기 위해 다른 생각은 하지 않고 달리는 몸에만 집중한다.

나 역시 처음에는 내가 어떻게 달리고 있는지를 인지하는 것에 집중했다. 영상을 보거나 음악을 듣지 않고 오로지 내 몸에 집중하는 시간을 가졌다. 그러다 보니 생각보다 1시간이 그렇게 길지 않았다.

달리면서 내 몸의 어느 부분이 긴장되어 있는지 느껴야 한다. 내 경우에는 왼쪽으로 몸의 무게가 많이 실리는 편이었다. 어떻게 달리면 더 좋을지 신경을 쓰면서 운동하면 자세를 좀 더 개선할 수 있다.

운동 강도 설정 방법

천천히 달리기를 시작하기 위해 모두가 꼭 실험실에서 몸 상태를 측정할 필요는 없다. 물론 정확한 전후 비교를 원한다면 측정하는 것이 좋지만, 혼자서도 강도 설정을 할 수 있도록 다양한 방법들을 함께 소개하겠다.

1) 심박계를 이용한 강도 설정

운동 강도를 설정하는 방법 중 가장 대중적인 것은 심박계를 이용한 방법이다. 공식을 통해 적정 심박수를 계산한 뒤 심박계를 확인하며 적정 심박수에 맞춰 천천히 달리기를 하면 된다.

저강도 유산소 천천히 달리기에 적용되는 심박수 공식은 타나카 Tanaka 공식이다. 이 공식을 통해 도출되는 결과는 최대치의 50~60%에 해당하는 심박수로, 현실적으로 일반인들이 LT 이하의 저강도 운동을 하기 위해서는 이 정도가 적합하다. 많이 사용되는 '220-만 나이' 공식은 일반인 기준으로 중강도의 운동이 될 가능성이 크다.

타나카 공식

[208-(0.7 x 만 나이)] × 0.5~0.6 = 천천히 달리기 적정 심박수

만 나이	저강도 적정 심박수	고강도 적정 심박수
20세	97~116	164~184
25세	95~114	161~180
30세	93~112	158~177
35세	91~110	155~174
40세	90~108	153~171
45세	88~105	150~167

다만 타나카 공식에도 몇 가지 한계점이 있다. 우선 같은 나이라고 해도 사람마다 체력이 모두 다르고, 운동이 능숙할수록 심박수가 낮아져 정확도가 떨어질 수 있다. 또한, 아침에는 교감신경이 활발해져 심박수가 높아지고 저녁에는 부교감신경이 활발해져 심박수가 낮아지므로 이 점은 유의해야 한다. 하지만 다소 한계가 있음에도 불구하고 타나카 공식은 기준점을 간단히 산출할 수 있는 가장 보편적이고 편리한 방법이다.

공식을 통해 적정 심박수를 계산한 후에는 심박계를 차고 천천히 달려 보며 자신에게 맞는 운동 강도를 확인한다. 정확도가 높아 실험실에서 주로 사용되는 심박계 폴라(Polar-H10)처럼 가슴에 스트랩으로 착용하는 방식도 있지만 요즘은 스마트워치에 심박계 기능이 탑재된 경우가

많아 유용하다.

스마트워치를 활용하면 운동량과 운동 시간, 운동 중 심박수, 휴식기 심박수 등 건강 데이터가 기록되어 쉽게 확인하고 비교할 수 있다. 기기의 종류에 따라서는 보폭 및 보행의 비대칭성 또한 체크할 수 있다. 스마트워치의 심박계를 활용할 경우 정확한 수치를 얻기 위해서는 운동하는 만큼 팔을 움직여 주는 것이 좋다.

2) 산소포화도를 이용한 강도 설정

일반인들의 허벅지 바깥쪽 근육 산소포화도를 재면 60~80%가 평균값이다. 천천히 달리기를 하면 근육에 산소가 더 많이 들어오게 된다. 클롬프Clomp 기기의 젖산염 측정 알고리즘을 통해서 트레드밀 달리기를 하며 LT를 측정할 수 있다.

산소포화도를 이용한 것 중 정확도가 높은 자가측정법은 현재까지 클롬프 기기가 유일하지만, 포도당을 측정할 수 있는 프랑스의 케이워치 글루코스Kwatch Glucose가 곧 상용화될 예정이다.

3) 실험실 측정을 통한 강도 설정

실험실에서는 최대산소섭취량 테스트와 젖산염 역치 테스트를 진행할 수 있다. 두 테스트 모두 트레드밀에서 진행된다.

최대산소섭취량 테스트를 측정하는 방법은 마치 등산하며 달리는 것과 같다. 고도가 점점 높아지는 산을 점점 빠르게 오르며 더 이상 뛰지 못하는 한계까지 뛰는 것이다. 호흡 분석을 위해 마스크를 쓴 상태에서 한계치를 확인한다. 최대산소섭취량의 경우 고강도 영역의 한계까지 가야 측정이 끝나기 때문에 고령자들에게는 부담이 될 수 있다.

젖산염 역치를 측정하는 방법은 오래달리기와 비슷하다. 평지에서 아주 낮은 속도부터 5분 간격으로 속도를 차츰 높여 간다. 5분을 달리고 30초 동안 휴식하며 젖산염 수치를 확인한다. 내게 적합한 고강도 영역에 진입하면 측정이 끝난다. 체력의 한계를 느끼기 전에 종료되기 때문에 대사질환이 있거나 고령자라고 해도 위험요소가 적다.

운동의 주기화

1) 두 달 이상 같은 속력으로 달린다.

몸이 운동의 자극에 적응하는 데에 두 달 정도의 시간이 걸린다. 옆에 있는 사람과 이야기할 수 있을 정도의 속력으로 달리되, 같은 속력을 유지하려고 해야 한다.

2) 두 달 이후 익숙해지면 속력을 조금 더 높인다.

달리기 속력을 비슷하게 유지하면 몸이 편해지는 시점이 온다. 이때 속력을 좀 더 높이고 이후 한 달간 비슷한 속력을 유지한다. 달리기 시간도 서서히 늘린다.

3) 1시간 30분 이상 달릴 수 있게 되면 중고강도 달리기를 추가한다.

달리는 시간을 무한정 늘릴 수는 없다. 느리게 달리는 시간이 1시간 30분 이상이 되면 운동량을 늘리기가 버거워진다. 운동량의 한계가 생기므로 이때부터는 새로운 운동 자극을 추가해야 한다.

초반(1~3개월)에 체력이 고도로 성장하고 나서 4개월 즈음부터 정체기가 나타나기 시작하는데, 이때 빠르게 달리기를 꼭 병행해 주어야 체력을 유지하고 더 강화할 수 있게 된다.

그런데 고강도 운동을 갑자기 시작하면 몸이 받는 부하가 커져 부상 위험이 증가하기 때문에 이전에 고강도 달리기를 하지 않았던 경우라면 5~7km/h 정도 되는 중강도의 달리기도 필요하다. 이 중강도 구간을 젖산염 역치 지점이라고 하는데, 적당히 땀이 나는 정도로 기분 좋은 러너스 하이를 느낄 수 있는 지점이다.

한 달간 천천히 달리기와 중강도 달리기를 병행하며 익숙해지고 나면 좀 더 빠른 고강도 달리기를 준비한다. 고강도 운동의 시간은 짧게는 30초부터 시작해서 4분까지 늘려 간다.

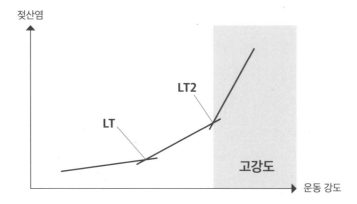

| 고강도 운동 구간

고강도 운동 구간은 앞서 설명했던 젖산염 역치, 즉 LT Lactate Threshold 이후 두 번째로 젖산염이 급격히 쌓이는 지점부터를 뜻한다. 이 지점을 LT2라고 하는데, LT2를 넘어서는 강도로 운동을 해 주는 것이다.

4) 세 달 이후부터는 고강도 인터벌High Intensity Interval Training 을 추가한다.

고강도 인터벌은 강한 강도의 운동과 불완전 휴식의 비율을 1~2:1로 하여 강한 자극을 간헐적으로 주는 운동이다. 초보자의 경우에는 쉬지 않고 빠르게 달리는 시간을 30초부터 시작해서, 능숙해지면 총 4분까지 늘려 본다. 고강도 인터벌의 총 운동시간은 약 40분이다. 차를 예열해서 천천히 주행한 뒤 고속도로에서 질주해 연비를 높여 주는 것과 비슷하다.

고강도 인터벌은 다음과 같은 순서로 진행한다.

Ex) 워밍업 달리기―달리기―인터벌 1―걷기―인터벌 2―걷기―인터벌 3―걷기―인터벌 4―
··· ―마무리 달리기

워밍업	빠르게 달리기 1	걷기	빠르게 달리기 2	걷기	빠르게 달리기 3	걷기	빠르게 달리기 4	쿨다운
5~10분	4분	3분	4분	3분	4분	3분	4분	5~10분

위의 표는 빠르게 달리기(인터벌) 4분, 걷기(불완전 휴식) 3분을 기준으로 4세트를 반복한 경우이다. 1분씩 진행할 경우는 세트 수를 20회까지 늘려준다. 이렇게 고강도 인터벌을 할 때는 부상 예방을 위해 근력 강화 운동도 틈틈이 해 주어야 한다.

주 2~3회의 천천히 달리기(저강도 유산소), 1~2회의 빠르게 달리기(고강도 인터벌)를 할 경우, 운동 총량의 비율이 저강도 7:고강도 3으로 나뉘게 된다. 운동의 총량과 강도를 따졌을 때, 고강도와 저강도의 비율이 1~3:7~9가 되도록 운동하는 것을 양극화 트레이닝polarized training이라고 한다.

천천히 달리기의 주의사항

1) 한 세션에 강도가 섞이지 않게 달릴 것

천천히 달리기를 할 때 가장 강조하는 주의사항이다. 운동의 효과는 한 세션의 지속시간, 빈도, 휴식 시간, 그리고 강도에 따라 달라진다.

천천히 달리기와 고강도 인터벌 사이에 6시간 이상 충분한 시간 간격을 두고 운동을 하면 괜찮지만, 한 세션에 강도가 높고 낮은 두 운동을 섞게 되면 강도 높은 운동을 했을 때의 효과만 나타난다. 예를 들어 같은 시간에 천천히 달리기와 웨이트 트레이닝을 섞어서 하게 되면 저강도 운동의 효과는 묻히고 웨이트 트레이닝을 했을 때의 효과만 나타난다.

약한 강도로 오래 하는 지구력 운동인지 강한 강도로 하는 저항성 운동인지 운동 목적을 정확하게 두고 강도 설정을 해야 한다. 회복력 향상을 목적으로 한다면 한 세션을 온전히 천천히 달리기로만 끝내야 한다. 하루에 두 운동을 모두 하고 싶다면 오전, 오후로 시간을 나누어 따로 운동한다. 오전에 천천히 달리기를 했다면 오후에 빠르게 달리기 혹은 웨이트 트레이닝을 해도 괜찮다.

2) 식사 1시간 전후로 달릴 것

모든 운동이 그렇지만, 1시간 이상 공복을 유지한 상태로 운동해야 속이 편안하다. 식사를 마친 직후에는 위로 가는 혈류량이 증가하기 때문에 근육으로 가는 혈류량이 줄어든다. 식후에 곧바로 운동하기가 버겁고 힘든 이유이다. 가능하면 식사 1시간 전후로 달려야 마음 편히 운동할 수 있다.

3) 너무 덥거나 춥지 않게 온도를 설정할 것

너무 덥거나 추우면 적정 체온을 유지하기 위해 에너지 소모가 많아져서 강도 설정이 제대로 이루어지지 않을 수 있다. 힘을 쓰기도 전에 지쳐 버리는 것이다. 기온이 29도에서 35도 사이일 때는 달리기를 추천하지 않는다. 어린이나 노약자, 임산부 같은 경우에는 위험할 수도 있다. 여름에는 새벽에 해가 없을 때 운동하거나 실내에서 운동하는 것을 추천한다. 겨울에는 실내에서 운동하는 것이 좋다. 미세먼지가 심한 날도 마찬가지로 실내 달리기를 추천한다.

달리기 습관을 만드는 방법

1) 요일 정하기

첫인상이 안 좋게 남으면 편견이 생긴다. 천천히 달리기에 대한 첫 기억도 그렇다. 운동한 뒤의 피로도에 따라서 운동을 더 하고 싶어지기도 하고 피하고 싶어지기도 한다. 운동은 스트레스, 자극이기에 약한 강도라고 하더라도 처음 시작하면 피로가 남는다. 적당한 자극과 충분한 휴식으로 부디 달리기에 대한 첫 기억이 긍정적으로 남기를 바란다. 자신에게 최적화된 스케줄을 만들어 보자.

초반에는 부담 없이 할 수 있도록 일주일에 2회, 2~3일의 간격을 두고 평일 하루와 주말 하루로 운동 요일을 정하는 것을 추천한다. 입문자에게 가장 추천하는 요일은 수요일과 토요일이다. 보통 직장인들은 목요일 즈음 제일 피로하다고 느끼는데, 피로감 때문에 운동하기가 싫어지기 전에 회복하는 운동을 해 주어 오히려 피로도를 낮추는 것이다. 주

말에는 일요일에 쉴 수 있다는 생각으로 상대적으로 여유로운 토요일에 달리면 부담감이 적다.

운동 습관을 들이기 위해서는 나와의 약속이 필요하다. 처음 운동을 시작할 경우 운동 총량이 적더라도 대부분은 이전보다 몸 상태가 좋아진다. 나의 건강을 위해서 일주일에 한 번이라도 달리기를 위한 시간을 내 보자!

2) 시간 정하기

뇌는 우리 몸에서 에너지를 많이 사용하는 기관이다. 평소 생각이 많고 머리를 쓸 일이 많다면, 뇌의 사용량이 많아져 지치기 전에 운동을 먼저 하자. 이런 경우에는 일과를 시작하기 전 아침 운동을 추천한다.

일이 끝나고 저녁에 운동을 하겠다고 마음먹었지만 생각보다 일에 에너지를 너무 많이 쏟게 되는 날이 있다. 그런 날엔 일이 끝나고 소파에 드러누워 아무것도 하지 못하게 되는 경우가 많은데, 그것은 의지의 문제가 아니다. 운동에 사용할 에너지가 없는 것일 뿐이다.

에너지가 충분하다면 저녁 운동으로 머리를 식혀 주고 스트레스를 해소하는 것도 좋다. 아침은 몸이 가장 뻣뻣한 시간대이기 때문에 저녁에 운동하는 것에도 이점이 있다. 다만, 잠자기 직전에 운동하면 각성이 일어나 수면을 방해하기 때문에 너무 늦은 시간의 달리기는 추천하지 않는다. 취침하기 3시간 전에 운동을 끝마치는 것이 좋다.

3) 기록 남기기

달리기 습관을 확인할 수 있는 스케줄러를 활용해 보자. 일기를 쓰듯이 운동한 날의 몸 상태와 운동량, 운동 방식을 기록하는 것은 중요하다. 언제 어떻게 운동했는지를 한눈에 파악하고 운동 주기를 설정할 수 있기 때문이다.

또한, 사람마다 몸이 다르기 때문에 어떤 방법이 나에게 맞는지를 구체적으로 찾을 수 있다. 주기적으로 운동 기록을 남기면 데이터가 쌓여 나에게 맞는 운동량을 구체적으로 알 수 있게 된다. 기록을 통해 내가 어느 계절과 어떤 상황에 체력이 떨어지는지 파악하면 몸 상태를 미리 예상하고 보충하며 무리하지 않는 선에서 운동을 할 수 있다. 나의 경우에는 여름에 몸이 약해지고, 이때 무리하게 운동을 하면 몸살이 온다. 이 사실을 미리 알고 있기 때문에 여름이 되기 전에 대비할 수 있다.

스케줄러 외에도 인증샷을 남겨 SNS에 기록하며 커뮤니티 혹은 트레이너를 태그하는 방법도 있다. 운동하고 있다는 것을 다른 사람들에게 알리며 동참한다는 의미이다. 아무래도 혼자보다 함께하는 것이 도움이 될 때가 있다.

장소에 따른 달리기

이제 막 달리기를 시작하는 사람이라면 저강도 영역의 속력이 매우 느린 경우가 많아서 3km/h 전후로 달리게 되기 때문에 인내심이 필요하다. 처음 30분이 고비다. 30분을 잘 넘기면 그다음 30분은 금세 지나간다. 아주 낮은 속력을 유지하기에는 트레드밀이 더 편하다. 먼저 트레드밀에서 2~3개월 동안 꾸준히 천천히 달리기를 한 후 속력이 좀 더 붙으면 야외로 나가기를 추천한다.

1년 이상 달린 레크리에이션 러너의 경우에는 저강도 영역의 속력이 엄청 느리지 않기 때문에 트레드밀과 야외 중 어느 곳에서 뛰어도 무관하다. 대화를 할 수 있을 정도로 힘들지 않고 편안한 느낌으로 달리는 것이 중요하다.

1) 야외에서 달리기

　신선한 공기를 마시고 바람을 가르며 달릴 수 있다는 것이 야외 달리기의 큰 장점이다. 사람들과 함께 뛰는 시티런에 참여해 볼 수도 있다. 날씨, 바람, 습도, 다양한 지면 등 장소에 따라 환경이 달라지기 때문에 순발력과 반사신경이 요구되며 시각적으로 다양한 자극을 받게 되기 때문에 인지능력도 향상된다.

　다만, 밖에서 혼자 달리다 보면 사람들의 시선이 신경 쓰여서 나도 모르게 속력이 빨라질 수 있다. 그래서 추천하는 방법은 느린 음악의 비트에 맞춰 달리는 것이다. 음악을 들으면서 달리면 뇌에서 보상 작용으로 도파민이 나온다. 뇌는 예측할 수 있는 것을 사랑하는데, 리듬에 맞춰서 몸을 조절하고 움직이면 예측과 보상이 되기 때문이다. 달리는 속도가 3km/h라면 121bpm, 2.5km/h라면 116bpm에 맞는 음악을 들으며 운동해 보자.

2) 트레드밀 위에서 달리기

　트레드밀 위에서 달리면 속도를 조절하거나 동일한 속도를 유지하기에 용이하다. 매번 동일한 속도로 달리며 평균 심박수와 최대 심박수를 관찰해 보자. 운동을 거듭할수록 심폐기능의 효율이 점진적으로 높아지면서 평균 심박수와 최대 심박수가 감소하는 것을 확인할 수 있다.

　트레드밀을 사용하면 실내에서 달리기 때문에 외부 환경의 변화에 영향을 받지 않는다는 장점도 있다. 또한 야외에서 달릴 때에 비해 다른 일을 동시에 하기가 용이해서 시간을 번다는 느낌을 준다. 운동 중에는 집중력이 높아지기 때문에 그 시간 동안 공부를 하면 효과가 좋다.

물론 초반에는 자신의 자세를 인지하며 뛰는 것이 좋다. 바른 자세가 훈련된 상태에서 추가로 다른 것을 해야 한다. 운동하는 시간이라는 핑계로 밀렸던 드라마나 영화를 볼 수도 있다. 소파에 늘어져서 군것질하며 영화를 보는 대신 가볍게 뛰면서 영화를 보면 뿌듯한 마음도 들고 체중감량에도 도움이 되니 일석이조다.

3) 야외 달리기와 트레드밀 달리기의 차이점

야외 지면에서 달리면 트레드밀보다 위아래로 몸통의 움직임이 더 크고 운동량도 더 많다. 트레드밀에서 달리면 몸통보다는 팔다리의 움직임이 많아진다.

야외에서 달릴 경우, 땅을 발로 밀면서 추진력을 얻어 앞으로 가야 하므로 미는 에너지가 사용되면서 허벅지 뒤쪽 근육의 활성화가 두드러진다. 반대로 트레드밀은 자체적으로 움직이기 때문에 미는 힘보다 앞으로 가는 힘이 더 많이 사용되어 앞 허벅지, 대퇴사두근에 좀 더 힘이 실린다.

야외 달리기　　　　　　　　트레드밀 달리기

햄스트링　　　　　　　　　　대퇴사두근

| 달리기 장소에 따라 주로 사용되는 근육

= 3 =

걷기부터 달리기까지,
바른 자세와 착지법

걷기와 달리기의 차이점은 속력에 있다. 달릴 때의 자세를 보면 상체는 꼿꼿이 세운 상태에서 앞으로 살짝 기울게 되며 보폭도 넓어진다. 또한, 달릴 때는 두 다리가 공중으로 떴다가 한 다리로 체중을 버티며 착지하게 되는데 이때 가해지는 압력은 3배에서 최대 8배 이상이다. 그렇기 때문에 잘 걷지 않았던 사람이 갑자기 달리기를 시작하면 몸에 부담이 갈 수밖에 없다. 달리기는 복합운동이자 운동의 완성체이기 때문에 시작하기 전에 준비가 필요하다.

천천히 달릴 때는 관절의 가동범위 전체를 사용하지 않고 부분적으로만 사용하며 달리게 된다. 하지만 근력이 충분치 않은 상태에서 가동범위에 제한을 두고 운동할 경우 무릎에 많은 압력이 가해질 수 있다. 따라서 충분한 가동범위로 관절을 먼저 사용해 준 뒤에 부분적으로 운동하는 것이 순서이다. 평소 걷기를 충분히 하지 않았던 사람이라면 걷기부터, 걷는 양이 충분했던 사람이라면 앞뒤 보폭을 크게 해서 빠르게 걷기를 완성한 뒤에 보폭을 줄여 천천히 달리기로 넘어가야 한다. 결국, 기본적인 걷기가 잘되어야 달리기도 잘할 수 있다.

천천히 달리기는 열심히 뛰는 느낌보다는 가볍게 몸에 힘을 풀고 느린 속도로 편안하게 뛰는 것이 가장 큰 특징이다. 크게 힘들이지 않고 걷는 것도 뛰는 것도 아닌 느낌으로 천천히 여유롭게 달리면 된다.

특히 바른 자세를 익히면 당을 절약할 수 있어 적은 에너지로 더 많이 운동할 수 있다. 좋은 달리기 자세를 보면 위아래, 양옆으로의 흔들림이 크지 않다. 위아래 반동을 크게 주지 않고 상체는 최대한 고정하며, 팔을 흔들면서 하지를 움직이는 것이 가장 에너지를 덜 소모하는 방법이다. 하지 관절이 너무 많이 굽혀지고 펴지는 것은 달리기 에너지 효율에 도움이 되지 않는다. 무릎과 발등, 발바닥의 굽힘이 크지 않은 범위에서 아킬레스건의 탄성을 이용해 통통 튀듯이 뛰는 것이 효율적이다.

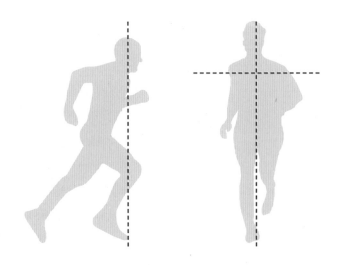

| **흔들림이 크지 않은 좋은 달리기 자세**

걷는 자세

걸을 때는 한 다리로 온몸을 지탱해야 하는 순간이 있다. 걷기는 앞으로 추진해서 나아가는 발의 역할이 크고 주로 속 근육, 자세유지근들이 사용된다. 이때 중둔근, 소둔근, 대퇴근막장근, 비복근의 역할이 중요하다.

◆ 이상적인 걷기 자세

뒤꿈치부터 지면을 딛고 서서히 발가락으로 밀어낸다. 복부와 엉덩이에 단단히 힘을 준 상태를 유지하며 발이 가볍게 떨어지게 한다. 이때 몸통은 살짝 앞으로 기운다.

| 이상적인 걷기 자세

달리는 자세

달릴 때는 두 다리가 동시에 뜨는 순간이 있다. 그로 인해 관절에서 받는 압력이 3배 이상 증가한다. 달리기는 뒤에서 차는 발의 역할이 크다. 발을 앞으로 가져오는 것이 아니라 뒷발로 지면을 차며 앞으로 가는 셈이다. 그러다 보니 무릎을 접으며 당긴다는 느낌으로 발을 가져오게 된다. 주로 큰 힘을 내는 겉 근육이 걷기를 할 때보다 더 많이 사용된다. 햄스트링, 대퇴사두근, 대둔근의 역할이 중요하다.

하체는 큰 근육의 집합소이다. 엉덩이의 대둔근, 허벅지 안쪽의 내전근, 바깥쪽의 대퇴사두근, 뒤쪽의 햄스트링, 종아리의 비복근이 있다. 앞 허벅지인 대퇴사두근과 뒷허벅지의 햄스트링의 근력은 3:2 비율로 차이가 나야 부상률이 적다. 부상을 예방하기 위해서는 근력의 비율을 적절하게 유지하는 것이 도움이 된다.

◆ 이상적인 달리기 자세

속도가 올라가면서 자연스럽게 몸이 약간 앞으로 기우는데, 이때 인위적으로 엉덩이를 빼는 느낌이 아니라 무게중심을 이용해서 발 앞부분을 살짝 드는 느낌을 준다.

| 이상적인 달리기 자세

달릴 때는 걸을 때보다 좀 더 보폭이 좁아진다. 이때 절대 무릎을 붙이고 달리면 안 된다. 걸을 때 라인을 기준으로 무릎이 서로 부딪히지 않도록 주의해야 한다.

좁은 횡보폭   넓은 횡보폭   효율적인 횡보폭

| 효율적인 달리기 보폭

속력에 따른 주법의 차이

달리는 방법에는 보폭을 좁게 하고 총총 달리는 피치pitch 주법과, 보폭을 넓게 해서 껑충껑충 멀리 달리는 스트라이드stride 주법이 있다.

◆ 느리게 달릴 때의 주법

| 속도가 느린 피치 주법

느리게, 짧은 거리를 가는 것이기 때문에 동작이 크지 않고 가볍게 총총거리는 느낌으로 달린다. 천천히 달리기는 속도가 느린 피치 주법을 활용한다고 볼 수 있다.

피치 주법은 동작이 작다. 몸의 상하 움직임이 적으며, 보폭이 좁고, 발의 회전수가 많은 편이다. 착지 시 발에 부담이 적어 근력이 약한 사람에게 최적의 주법이다.

◆ 빠르게 달릴 때의 주법

| 속도가 빠른 스트라이드 주법

빠르게 달릴 때는 스트라이드 주법을 활용한다. 이 주법은 근력의 소모가 큰 편이다. 근력이 받쳐 주는 상태가 아니면 부상의 위험이 커지기 때문에 꼭 근력 테스트(139p의 캘프레이즈 테스트 참고) 병행하며 달리기를 추천한다.

천천히 달리기 방법

배와 엉덩이에는 힘을 주되, 다리에는 힘을 풀고 가볍게 뛴다. 너무 열심히 달린다는 느낌보다는 아주 가볍게 콩콩, 몸이 가볍다는 생각을 하면서 뛴다. 느린 속력이지만 몸의 무게중심을 앞으로 가게 해서 뛰는 느낌을 준다.

말을 할 수 있을 정도로 아주 느리게 달리되, 절대 걷지 않는다. 속력이 갑자기 높아지지 않도록 같은 리듬을 유지하면서 일정 bpm에 맞춰서 달리는 것이 좋은 방법이다. 중요한 점은 중간에 휴식하지 않고 1시간을 쭉 달려야 한다는 것이다. 혹시 힘들다고 느껴진다면 자신에게 맞지 않는 강도일 가능성이 크다.

달리기 착지법

착지할 때는 복부와 엉덩이의 힘을 단단하게 유지하며 발이 가볍게 떨어지도록 노력한다. 몸통은 걸을 때보다 살짝 더 앞으로 기울이고, 팔꿈치는 90도 각도를 유지한다.

본인에게 편안한 방식으로 뛰는 것이 가장 좋다. 달릴 때 자연스럽게 착지하는 발의 부위에 맞게 이미 근육의 힘이 적응되어 있어서 갑자기 바꾸려고 하면 근력이 따라 주지 못해 부상률이 높아진다.

다만 무게중심 안에 발의 착지점이 있어야 좋은 착지이며, 중심을 넘어가면 오버 스트라이드over stride라고 해서, 2배 이상 큰 부하를 받게 된다. 따라서 적절한 부하가 실리도록 하는 것이 관절에 부담이 적다.

이전에는 뒤꿈치(힐 스트라이크 혹은 리어풋) 착지가 부상의 위험을 높이

| 뒤꿈치로 착지하는 리어풋 착지 | 발 중간~앞부분으로 착지하는 포어풋 착지 |

고, 발바닥의 중간(미드풋)과 앞부분(포어풋) 착지가 달리기에 효율적이라는 견해가 있었다. 그러나 이는 최근의 연구들을 통해 오류인 것으로 밝혀졌다. 착지 부위에 따라 힘을 받는 근육과 관절이 다를 뿐이다.

발 뒷부분으로 착지할 경우 무릎과 허벅지가 큰 힘을 받게 된다. 발 중간이나 앞부분으로 착지할 경우 발과 발목, 종아리에 압박이 커진다. 대부분 각자에게 익숙한 걸음걸이가 있으며, 걸음걸이에 약간의 변형이 있더라도 부상으로 바로 연결되지는 않는다. 그렇지만 달리고 나서 뭔가 불편한 느낌이 든다면 전문가의 도움을 받는 것을 추천한다.

= 4 =
달리기 입문자를 위한
러닝화 고르기

달릴 때 유일하게 필요한 준비물은 운동화이다. 여태 꾸준히 달려 본 적도 없고, 달리기를 계속할지 말지도 고민인데 그냥 예전에 신었던 운동화를 신고 달리면 안 되나 하는 생각이 들 수 있다.

물론 처음부터 러닝화를 살 필요는 없다. 주기적으로 달리게 되면 그때 러닝화를 구비하길 추천한다. 달리기에 최적화된 러닝화는 피로감과 부상을 줄여 줄 수 있다.

첫 러닝화, 어떤 기능의 제품을 사야 할까?

러닝화는 일반 운동화와 달리 발 구르기를 돕기 위해서 앞코가 위로 올라가 있다. 그리고 타이어와 마찬가지로 러닝화의 쿠션에도 유통기한이 있어 시간이 지남에 따라 쿠션의 기능이 줄어든다.

과체중이어서 관절에 부담이 가는 경우는 적당히 쿠션이 있는 제품을 선택하는 것이 좋다. 쿠션이 높은 신발을 신어야 한다고 생각할 수 있지만, 사실 쿠션의 높이는 다리에 가해지는 부하를 줄여 주지 않는다. 만약 안정적이지 않은 자세로 인해 발목이 불안정하다면 발목을 잘 지지할 수 있는 힐컵heel cup 유형의 제품을 추천한다.

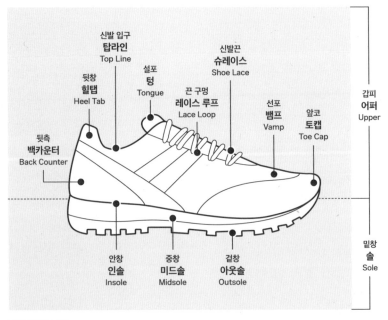

| 러닝화의 구성

신발은 자신에게 편한 것이 제일 중요하다. 가격이 비싸다고 해서 더 좋다고도 말할 수 없다. 다음 사항들을 고려해서 자신에게 맞는 신발을 잘 선택해야 한다.

- 주된 달리기 장소(트래킹, 트레드밀, 도심 등)에 적합한지
- 선호하는 쿠션감의 정도에 알맞은지
- 발볼이 잘 맞아서 신었을 때 편안한지
- 발에 딱 맞지 않고 5mm 정도 여유가 있는지

스포츠 용품을 파는 브랜드 홈페이지에서는 개인에게 맞는 제품을 자세하게 소개해 준다. 달리기에 관련된 몇 가지 질문을 통해 용도에 맞춰서 다양한 제품을 선택할 수 있도록 되어 있으니 참고하면 좋을 것 같다. 자신의 발에 맞는 러닝화를 추천받을 수 있는 오프라인 매장을 이용하는 것도 좋다. 보행 습관과 발 아치의 상태 등을 체크하고 신발을 추천받을 수 있어 도움이 될 것이다.

본인의 착지법에 잘 맞는 편안한 신발을 찾고, 달리기 자세에서 오버스트라이드가 일어나지 않도록 달리기 자세를 연습하자.

러닝화의 종류

1) 맥시멀리스트Maximalist

일반적으로 입문용으로 추천하는 것은 쿠션을 극대화하고 무게를 최소화한 맥시멀리스트 러닝화이다. 푹신하다고 해서 부상 확률을 낮춰 주는 것은 아니지만, 보통 일상생활에서 신발을 신고 있는 시간이 많기 때문에 두툼한 쿠션에서 달리는 것이 더 익숙하게 느껴질 수 있다.

맥시멀리스트 러닝화는 쿠션의 종류가 다양하고, 발 아치를 지지해 주며, 신발을 신었을 때 실제 발 크기보다 발이 훨씬 커 보인다는 특징이

있다. 신발로서 가질 수 있는 구성을 최대치로 올려놓은 신발이다.

2) 제로드롭Zerodrop

일반적인 신발은 발뒤꿈치와 발 앞쪽의 높이 차이가 10mm 이상이지만 제로드롭은 그 차이가 0mm이다. 제로드롭 러닝화는 인위적인 지지대가 없어 발의 운동 감각을 향상시키고 자세가 더 균형 있게 정렬되도록 해 준다.

장시간의 달리기를 위해서는 쿠션이 적은 쪽이 더 낫다고 볼 수 있다. 앞뒤의 높이 차이를 최소화하는 것이 무릎에 무리를 주지 않고 통증 없이 오래 달릴 수 있게 해 주기 때문이다. 다만 일반 러닝화에서 제로드롭처럼 쿠션이 적은 신발로 바꿀 때에는 갑작스럽지 않게, 쿠션이 줄어드는 것에 익숙해질 수 있도록 점차적으로 적응하면서 바꾸어야 한다.

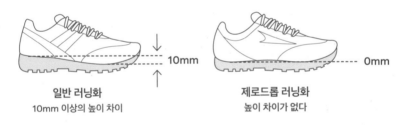

일반 러닝화
10mm 이상의 높이 차이

제로드롭 러닝화
높이 차이가 없다

| 일반 러닝화와 제로드롭 러닝화의 비교

3) 미니멀리스트 Minimalist

'맨발 신발'이라고 불릴 만큼 쿠션이 거의 없는 러닝화로 유연성이 높고 발의 앞쪽 끝과 발뒤꿈치의 높이 차이가 약 4~8mm 정도로 매우 적다. 움직임의 제어와 안정성이 가장 맨발과 유사하게 자연스럽다. 쿠션이 거의 없고 발 아치를 받쳐 주지 않는다. 앞부분이 일반적인 러닝화처럼 둥글게 처리된 것도 있고, 발가락 모양으로 생긴 것도 있다. 마라톤을 할 때도 이처럼 밑창에 쿠션이 없는 신발을 신는데, 발이 바닥과 밀착될수록 더 긴 시간을 달릴 때 몸에 부담이 적을 수 있기 때문이다.

하지만 일반 러닝화에서 미니멀리스트로 바꿀 때는 주의가 필요하다. 미니멀리스트 러닝화를 사용하기 전에는 반드시 발과 종아리 근육을 충분히 강화하기를 권한다. 과체중이거나 달리기가 훈련되지 않은 상태에서 미니멀리스트 러닝화를 신고 달리면 부상 위험이 커진다.

= 5 =
부상 없이 달릴 수 있는
몸 만들기

부상을 잘 치료하는 것보다 예방하는 것이 더 중요하다. 달리기의 부상 요인은 매우 다양하다. 주된 원인은 지난 1년 동안 달리기 중에 다친 적이 있거나 혹은 이전에 했던 운동에 비해 몸이 급작스럽게 많은 부하를 받았기 때문이다(Sanfilippo D. et al., 2021). 달리기 강도나 거리를 갑자기 늘리거나 무리하게 달리기를 시작하면 부상 위험이 커진다.

아래 체크리스트를 작성한 뒤, 그렇다고 답한 항목이 있다면 주의해야 한다. 잘 달릴 수 있는 몸을 준비해서 부상 없이 건강하게 달려 보자!

달리기 부상 예방 체크리스트	
1. 1년 안에 달리기 부상을 당한 적이 있다.	
2. 과체중이다.	
3. 근력 운동을 하지 않는다.	

원래 하고 있던 운동이 있다면 그만두지 말고 천천히 달리기와 병행하기를 추천한다. 물론 부상의 원인은 복합적이지만, 나의 경우 원래 하던 웨이트 트레이닝을 그만두고 달리기와 맨몸운동에만 집중하자 최대 근력이 유지되지 않아 부상을 입었다. 고강도 달리기 이후 부상으로 쉬어야만 하는 상황이 되어 쉬고 나니 심폐지구력이 떨어지게 되었다.

부상 없이 잘 달리기 위해서는 근력을 강화하는 보충 운동을 해 주며 달리기를 해야 한다. 또한, 관절의 가동성을 적당히 확보하여 걷기부터 달리기까지 달리기 주기에 맞춰 천천히 운동량을 늘려 가는 것이 중요하다. 5~8km/h의 속력으로 걸을 수 있는 상태를 만들고 겉 근육(대둔근, 내전근, 대퇴사두근, 햄스트링, 비복근)을 강화할 수 있는 근력운동을 추가적으로 한 뒤에 달리기를 시작하는 것이 좋다.

건강한 달리기를 위한 운동 리스트

	스트레칭	가동범위 향상	근력 향상	협응성 향상
발 운동	의자에 올려 발목 밀고 당기기	발가락 피아노	다이내믹 숏풋 운동	발가락 협응 튕기기
			수건 당겨오기	한 다리 들기
발목 운동	런지 자세로 뒤꿈치 업다운	발목 런지	뒤꿈치 업다운	싱글 레그 홉
무릎 운동	햄스트링 스트레칭	무릎 접어 다리 뒤로 차기	의자에 앉아서 무릎 펴기	싱글 레그 스쿼트
	대퇴사두근 스트레칭	프런트 레그 스윙	의자에 한 발로 앉았다 일어나기	사이드 스텝
	내전근 스트레칭	사이드 레그 스윙		
고관절 운동	고관절 스트레칭	누워서 다리로 4자 만들기	무릎 펴고 앉아서 다리 들기	런지 하이니
			클램	
	엉덩이 스트레칭	엎드려서 다리로 V자 만들기	사이드 레그 리프트	
			런지	

코어 및 상지 운동	복부 스트레칭	골반 중립과 임프린트	데드버그	롤링 라이크 어 볼
			브릿지	
	등 스트레칭	오픈북	플랭크 로테이션	스위밍
		몸통 트위스트	사이드 플랭크 업다운	
	가슴 스트레칭	팔꿈치 모았다가 열기	무릎 대고 푸시업	
			슈퍼맨 팔꿈치 당기기	
전신 협응 시퀀스				

발 운동

발은 서 있을 때 신체에서 유일하게 지면에 닿는 곳이다. 발은 우리의 몸 전체를 지탱해 준다. 두 발의 뼈는 총 52~56개로 무려 전체 뼈 206개 중 4분의 1에 해당하는 뼈가 발에 모여 있다. 또, 생각보다 많은 인대와 근육, 고유수용감각기가 발에 밀집되어 있다. 발은 왜 중요할까? 발은 신체에서 유일하게 중력에 저항하는 곳이며 걸을 때는 3배, 달릴 때는 5~10배의 압력이 가해진다. 따라서 발이 견고해야 몸을 단단히 지탱할 수 있다.

발의 구조적인 시스템은 뼈와 관절로 이루어져 있고, 기능적인 움직임 시스템은 근육과 힘줄로 구성되어 있다. 신경 시스템은 인대, 근육, 힘줄의 감각 수용체로 구성된다. 발은 척추의 움직임과 힘을 감시하고 적절한 근육으로 신호를 보내는 역할을 한다. 전 세계의 달리기 선수 중 아프리카 케냐 선수들이 항상 상위권을 차지하는 이유 중 하나는 맨발 달리기 훈련에 익숙하기 때문이다. 맨발로 착지하면 신경의 신호를 제일 빠르고 안정적으로 받을 수 있다. 맨발 운동을 통해 발의 예민함을 높여 보자.

중력에 저항해서 서 있을 때는 무게중심이 중요하다. 무게가 발바닥의 세 부분으로 고루 분포되어야 한다. 무게중심이 한쪽으로 쏠리거나 근육이 긴장되면 무게중심이 변형된다. 주 3회 이상 발 코어foot core 내재근 운동을 통해 달릴 때의 발 기능을 향상할 수 있다.

발가락 중에서는 엄지발가락이 굉장히 중요한데, MTP 관절(뒤꿈치를 들었을 때 발바닥과 발가락 사이에 꺾어지는 관절 마디)의 신전 범위가 적당히 나와야 한다. 가동범위가 제한되면 발바닥이 바깥쪽으로 돌며 효율성이 떨어지게 된다. 이러한 보행 패턴은 무릎 관절과 발 내측 구조물, 엄지에 가해지는 스트레스를 증가시킨다.

한편, 일반적으로 아치가 낮을 경우, 무릎 통증이나 슬개건염, 족저근막염이 더 많이 나타난다. 발 형태와 부상 사이에 명확한 연관성은 없지만 이러한 요소가 잠재적으로 부상을 일으키는 원인이 될 수는 있다. 허리나 무릎의 문제도 아치의 영향을 받을 수 있기에 아치의 상태를 체크해야 한다.

과외전(높은 아치)   중립   과내전(낮은 아치)

| 아치의 높낮이에 따른 발의 형태

◇ 발 스트레칭: 의자에 올려 발목 밀고 당기기

1. 한쪽 다리를 의자 위에 올린다.
2. 발끝이 얼굴로 향한다는 느낌으로 앞으로 당긴다. 20도 이상이면
   정상 가동범위이다.

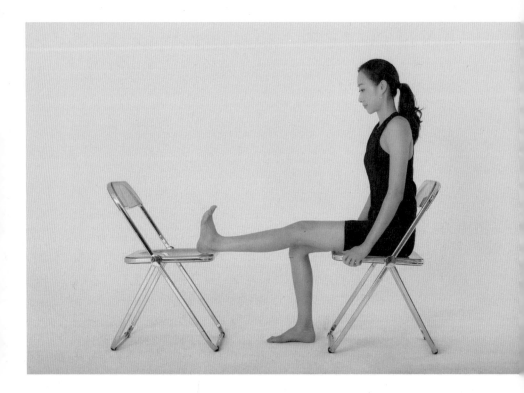

3. 이번에는 발끝을 멀리 보낸다는 느낌으로 뒤로 민다. 50도 이상이면 정상 가동범위이다.

4. 30초씩 5번 시행한다.

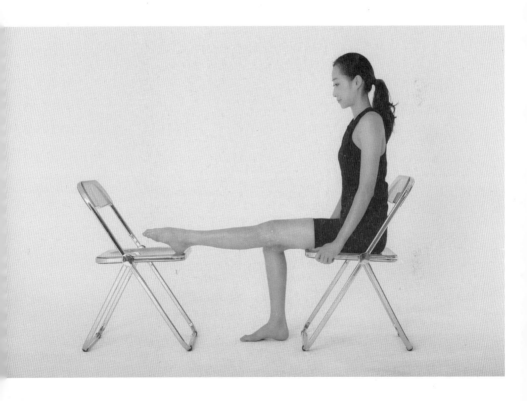

◇ 발 가동범위 향상: 발가락 피아노

1. 양쪽 발바닥이 바닥에 잘 닿아 있는 상태에서 발가락에 힘을 푼다.
2. 네 발가락은 바닥에 붙인 상태로 엄지발가락만 천천히 최대한 위로 들어 올린다.

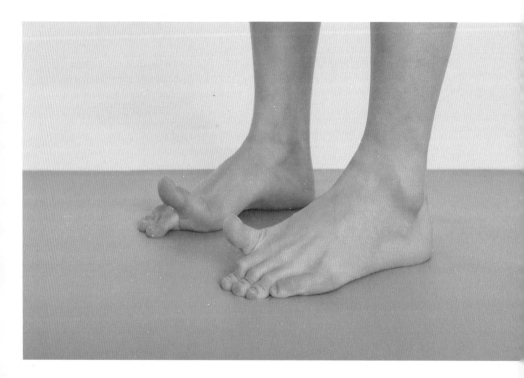

3. 이번에는 반대로 엄지발가락만 바닥에 붙인 상태로 나머지 네 발가
   락을 천천히 최대한 위로 들어 올린다.

4. 같은 동작을 10~12번 시행한다.

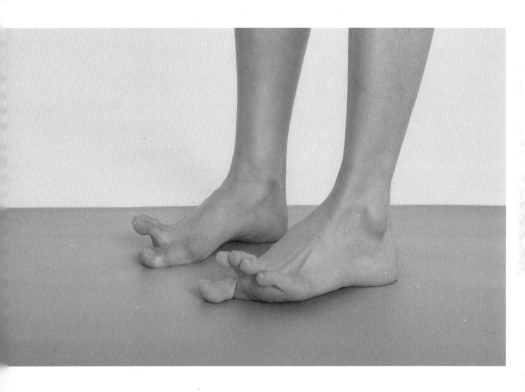

◇ 발 근력 향상 1: 다이내믹 숏풋 운동

1. 양 다리를 어깨 넓이로 벌린 상태로 서서 발 아치에 힘을 주며 발가락을 들어 올린다.
2. 그 상태로 발가락이 움직이지 않게 주의하며 천천히 무릎을 굽힌다.

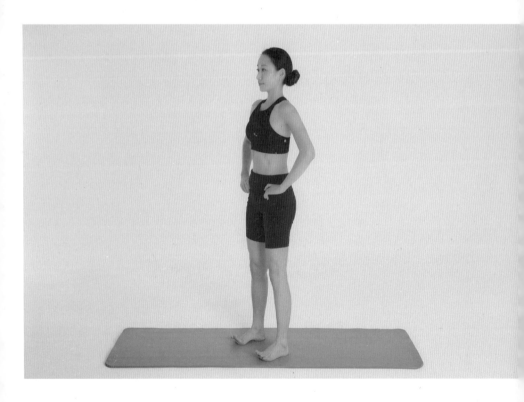

3. 발 아치를 세워 주는 느낌을 유지하며 다시 무릎을 펴고 원래 자세로 천천히 돌아온다.

4. 같은 동작을 10~12번 시행한다.

◇ 발 근력 향상 2: 수건 당겨오기

1. 발바닥 밑에 수건을 둔다.
2. 발바닥의 세 면이 잘 닿아 있는 상태에서 발가락에 힘을 푼다.

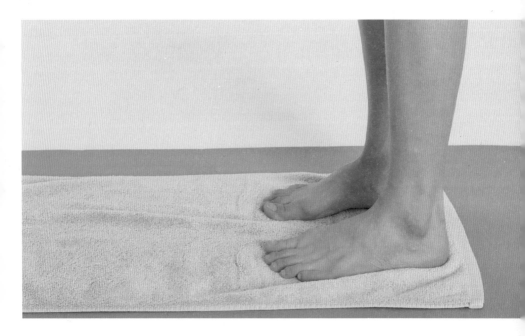

3. 발바닥과 발가락을 움직여 수건을 가져온다.

4. 5번 이상 시행한다.

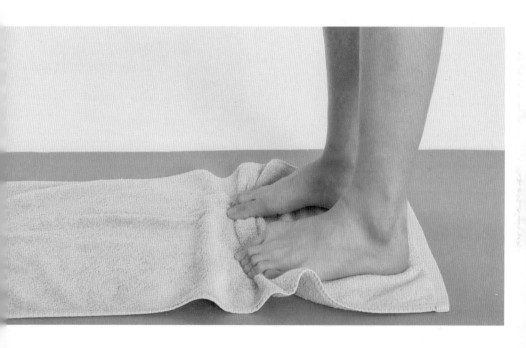

◇ 발 협응성 향상 1: 발가락 협응 튕기기

1. 다리를 어깨 넓이로 놓는다.

2. 한쪽 발의 발가락을 꺾어 뒤꿈치를 들어 올린다. 발이 바닥에 닿아 있는 부분에는 힘이 전체적으로 고르게 분포하도록 한다.

3. 발가락의 힘으로 다리를 위로 들어 올린다. 무릎을 든다는 느낌보다는 발바닥 전체로 들어 올린다는 느낌을 준다.

4. 양쪽 10~15번씩 2~3세트를 시행한다.

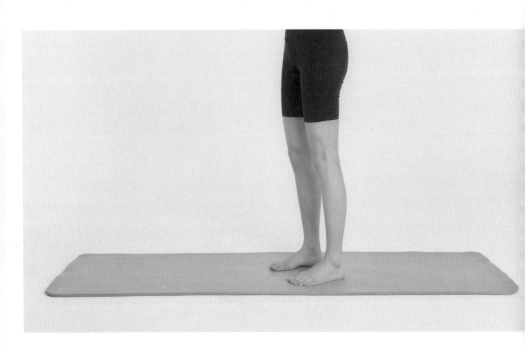

◇ 발 협응성 향상 2: 한 다리 들기

1. 다리를 어깨 넓이로 놓고 손은 골반에 둔다.

2. 무릎을 굽혀 한 다리를 들고 반대쪽 발바닥이 들리지 않도록 코어와 발에 힘을 주며 균형을 잡는다.

3. 20초 이상 발바닥이 바닥에서 떨어지지 않는다면 정상범주이다. 눈을 감고서도 20초 이상 버틸 수 있게 된다면 최상이다.

발목 운동

발목 염좌는 일반인에게 빈번하게 발생한다. 한 번이라도 발목 염좌가 생겼던 사람 3명 중 1명은 반복적인 발목 염좌를 경험한다. 만성 발목 염좌를 경험하는 사람들은 발목의 가동성에 변화가 생기게 되며, 보상 효과로 고관절이 과하게 힘을 쓰게 되는 경향이 있다.

발목 부상을 예방하고 염좌의 재발을 방지하기 위해서는 충분한 가동성을 확보해야 한다. 또한, 근력을 강화하고 고유수용감각을 키워 주는 운동을 통해서 걷고 달리기를 자유롭게 할 수 있도록 하자.

※ 캘프레이즈 테스트calf-raise test
캘프레이즈 테스트는 족저근막염, 아킬레스건염의 예방에 효과적인 운동 방법이다. 메트로놈을 분당 60으로 설정하고 손으로 벽이나 지지대를 잡고서 각이 10도 혹은 그 이상이 되도록 한쪽 뒤꿈치를 들었다 내리기를 일정한 박자로 반복한다. 다리가 풀리지 않도록 무릎의 각도를 유지하며 바른 자세로 가능한 한 뒤꿈치를 높이 들어 올려야 한다. 자세를 유지하며 지칠 때까지 할 수 있는 개수를 측정한다.

	남	여
20~29세	37회	30회
30~39세	32회	27회
40~49세	28회	24회
50~59세	23회	21회
60~69세	19회	19회
70~79세	14회	16회
80~89세	10회	13회

| 캘프레이즈 테스트 적정 횟수(Herbert-Losier et al, 2017)

◇ 발목 스트레칭: 런지 자세로 뒤꿈치 업다운

1. 일어서서 손을 골반에 두고 골반은 정면을 보게 한다.
2. 넓은 보폭으로 한쪽 다리를 한 걸음 앞에 둔다.
3. 앞쪽 무릎은 살짝 굽히고 뒤쪽 다리는 쭉 편 채로 뒤꿈치를 바닥에 붙인다.

4. 그 상태로 뒤에 놓인 다리의 발뒤꿈치를 들었다가 다시 천천히 내린다.

5. 양쪽 20번씩 시행한다.

◇ 발목 가동범위 향상: 발목 런지

1. 벽과 골반이 평행한 상태에서 양 다리를 어깨 넓이로 벌리고 선다.

2. 한쪽 발을 앞으로 딛고 반대쪽 다리는 무릎을 바닥에 댄다.

3. 손바닥을 벽과 평행하도록 바닥에 놓고(벽과 약 12.5cm 간격) 그 뒤에 앞쪽 발을 둔다.

4. 앞쪽 다리의 무릎을 벽에 붙인다. 이때 발뒤꿈치는 바닥에서 떨어지지 않도록 유의한다. 무릎이 벽에 닿으면 정상 가동범위로 추측할 수 있다.

5. 반대편 다리도 같은 동작을 시행한다. 충분한 가동범위가 나오지 않을 경우 평소에 이 동작으로 스트레칭을 하여 발목의 가동범위를 늘려 준다.

◇ 발목 근력 향상: 뒤꿈치 업다운

1. 한쪽 다리를 들고 반대쪽 발뒤꿈치를 들었다가 다시 천천히 내린다.
2. 양쪽 20번씩 시행한다.

◇ 발목 협응성 향상: 싱글 레그 홉

1. 다리를 어깨 넓이로 놓고 골반에 손을 둔다.

2. 한쪽 다리를 들고 반대쪽 다리로 살짝 앉았다가 제자리에서 뛴다.
   바닥에 닿는 순간 바로 다시 뛰어 공중에 떠 있는 시간을 늘린다.

3. 양쪽 10~15번씩 2~3세트를 시행한다.

무릎 운동

무릎은 달리기로 인한 부상 중 남녀를 통틀어 가장 많이 다치는 부위이다. 무릎 관절은 달리는 동안 8배에서 12배의 압력을 버텨 낸다. 무릎은 가장 큰 관절로, 무릎뼈 뒤를 X자로 감싸고 있는 인대가 무릎 관절 안정화를 돕는다. 달리는 동안 무릎 관절에서 위아래, 안팎으로의 미끄러짐이 이루어진다.

　무릎을 보호하며 달리기 위해서는 무릎 주변 근육들의 최대 근력을 잘 유지하고 강화하는 것이 필요하다. 달리기로 인한 무릎 손상을 염려하는 경우가 많은데, 여러 연구에 따르면 달리기는 무릎 연골과 관절에 오히려 좋은 영향을 준다는 것을 알 수 있다.

◇ 무릎 스트레칭 1: 햄스트링 스트레칭

1. 바닥에 누워 최대한 무릎을 편 상태로 한쪽 다리를 천장 쪽으로 들어 올린다. 이때 바닥과 들어 올린 다리 사이의 각도가 80~90도를 이루는 것을 목표로 한다.
2. 30초 이상 같은 자세를 유지하고 반대쪽도 동일하게 시행한다.

◇ 무릎 스트레칭 2: 대퇴사두근 스트레칭

1. 제자리에 서서 고관절을 편 상태를 유지하며 무릎을 뒤로 접는다.
2. 손으로 발목을 감싸 발뒤꿈치가 엉덩이에 닿도록 하며 앞 허벅지가 늘어나는 것을 느낀다.
3. 30초~1분간 자세를 유지하고 반대쪽도 동일하게 시행한다.

◇ 무릎 스트레칭 3: 내전근 스트레칭

1. 다리를 어깨 넓이의 2배로 넓게 벌리고 선다. 이때 무릎은 살짝 바깥쪽을 향하도록 한다.
2. 양손으로 바닥을 짚고 한쪽 무릎만 굽혀 안쪽 허벅지(내전근)를 늘린다.
3. 30초~1분간 자세를 유지하고 반대쪽도 동일하게 시행한다.

◇ 무릎 가동범위 향상 1: 무릎 접어 다리 뒤로 차기

1. 제자리에 서서 두 손을 엉덩이에 놓고 다리 사이를 붙인다.

2.고관절을 편 상태를 유지하면서 한쪽 다리를 뒤로 접어 발뒤꿈치가
　엉덩이에 닿을 듯이 찬다. 이때 앞 허벅지가 늘어나는 것을 느낀다.

3. 양쪽 20번씩 시행한다.

◇ 무릎 가동범위 향상 2: 프런트 레그 스윙

1. 제자리에 중심을 잘 두고 선다.
2. 최대한 몸통이 흔들리지 않게 하면서 한 다리를 들어 고관절을 스트레칭하며 앞으로 들었다가 뒤로 들어 올린다.
3. 양쪽 20번씩 시행한다.

◇ 무릎 가동범위 향상 3: 사이드 레그 스윙

1. 한쪽 다리로 중심을 잘 두고 선다.

2. 최대한 몸통이 흔들리지 않게 하면서 반대쪽 다리의 고관절을 스트
   레칭하며 바깥쪽으로 들었다가 안쪽으로 들어 올린다.

3. 양쪽 20번씩 시행한다.

Part 3. 천천히 달리기 시작하기

◇ 무릎 근력 향상 1: 의자에 앉아서 무릎 펴기

1. 의자에 허리를 펴고 바른 자세로 앉는다.

2. 한쪽 다리를 들어 바닥에 수평이 되도록 유지한다.

3. 양쪽 10~15번씩 2~3세트를 시행한다. 익숙해지면 무게를 추가하여 양쪽 6~8번씩 3~4세트를 시행한다.

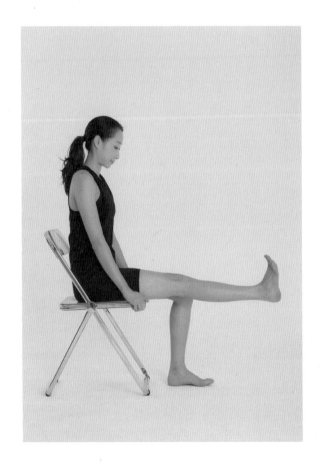

◇ 무릎 근력 향상 2: 의자에 한 발로 앉았다 일어나기

1. 의자에 허리를 펴고 바른 자세로 앉아 한쪽 발을 반대쪽 발 위에 놓는다.
2. 중심을 잡으며 한쪽 다리의 힘으로 일어선다.
3. 뒤쪽 허벅지에 집중하여 같은 속도를 유지하며 천천히 앉는다.
4. 양쪽 10~12번씩 3세트를 시행한다.

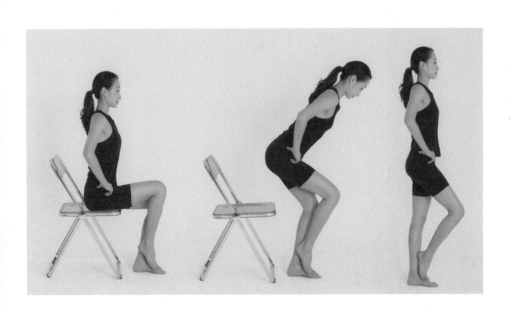

◇ 무릎 협응성 향상 1: 싱글 레그 스쿼트

1. 일어선 상태에서 한쪽 다리를 앞으로 들어 올린다.

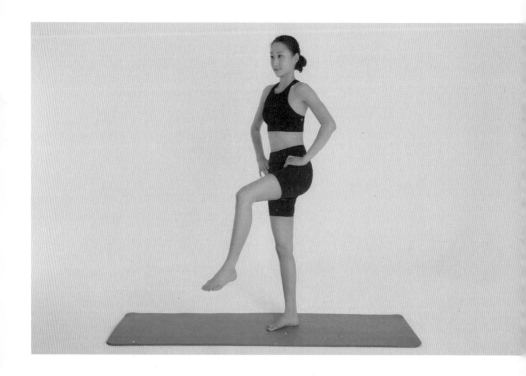

2. 그 상태로 중심을 잡으며 서 있는 쪽 다리의 무릎을 구부려 의자에 앉듯이 몸을 낮춘다.

3. 양쪽 10~12번씩 3세트를 시행한다.

◇ 무릎 협응성 향상 2: 사이드 스텝

1. 왼쪽 다리로 중심을 잡고 오른쪽 다리는 뒤로 접어 준비 자세를 취한다.

2. 오른쪽 다리를 펴며 옆으로 낮게 점프하여 이동한다.

3. 오른발로 착지하고 왼쪽 다리를 뒤로 접는다.

4, 양쪽 10~15번씩 2~3세트를 시행한다.

고관절 운동

고관절은 걷기와 달리기에서 큰 역할을 한다. 고관절의 뼈 구조는 자체적으로 탈구가 되기 힘든 안정적인 구조이다. 가동범위가 넓어서 달리기는 물론 옆으로 이동하며 방향 전환도 가능하게 한다.

고관절은 스트레스를 받으면 즉각 반응하는, '영혼 근육'이라고도 불리는 큰 근육인 장요근이 있는 부위이기도 하다. 장시간 앉아 있으면 과하게 사용되어 경직되기가 쉬우며, 복근이 약한 경우에도 과하게 사용될 확률이 높아진다.

고관절의 가동성에 문제가 생기면 골반의 전방 경사와 후방 경사가 과도하게 일어나게 되고 결국 요추가 받는 스트레스가 증가한다. 건강하게 달리기 위해서는 고관절의 가동성을 체크해서 적당한 가동범위를 만들어 보자!

◇ 고관절 스트레칭

1. 오른쪽 무릎은 직각으로 세워 몸 앞에 두고, 왼쪽 무릎은 바닥에 대어 낮은 런지 자세를 취한다. 이때 골반은 정면을 향하게 한다.
2. 오른쪽 무릎을 앞으로 기울여 왼쪽 다리의 앞 허벅지를 늘리듯이 고관절을 스트레칭한다. 동시에 왼손을 들어서 오른쪽으로 멀리 뻗으며 함께 스트레칭한다.
3. 30초~1분간 자세를 유지하고 반대쪽도 동일하게 시행한다.

◇ 엉덩이 스트레칭

1. 바닥에 다리를 앞으로 뻗고 바르게 앉는다.

2. 한쪽 다리를 무릎이 바깥쪽으로 향하도록 접는다.

3. 굽힌 다리의 발을 반대쪽 팔이 접히는 부분에 놓고 양팔로 다리를 끌어안아 몸 쪽으로 가까이 당긴다.

4. 최대한 무릎과 몸을 가깝게 하며 엉덩이 부근이 스트레칭되는 것을 느낀다.

5. 30초~1분간 자세를 유지하고 반대쪽도 동일하게 시행한다.

◇ 고관절 가동범위 향상 1: 누워서 다리로 4자 만들기

1. 바닥에 등을 대고 눕는다.

2. 한쪽 다리를 들어 무릎을 굽힌 뒤, 바깥쪽 발목을 반대편 무릎 위에 올려 4자 모양을 만든다.

3. 굽힌 무릎을 바닥 쪽으로 지그시 누른다.

4. 양쪽 30초씩 5번 시행한다.

◇ 고관절 가동범위 향상 2: 엎드려서 다리로 V자 만들기

1. 바닥에 배를 대고 엎드린다.
2. 상체는 힘을 풀어 가슴을 바닥에 붙이고 손은 바닥을 짚도록 나란
   히 둔 상태로 고개를 살짝 든다.
3. 무릎을 구부려 다리를 올리고, 양 무릎을 붙인 상태로 발을 최대한
   바깥쪽으로 벌려 V자를 만들어 본다.
2. 30초씩 5번 시행한다.

◇ 고관절 근력 향상 1: 무릎 펴고 앉아서 다리 들기

1. 바닥에 다리를 펴고 바른 자세로 앉는다.

2. 무릎을 편 상태로 한쪽 다리를 그대로 들어 올린다.

3. 양쪽 10~15번씩 2~3세트를 시행한다.

◇ 고관절 근력 향상 2: 클램

1. 옆으로 누워 머리부터 발끝까지 일직선을 유지하며 무릎을 접는다.
2. 바닥과 허리 사이에 손바닥이 들어갈 정도의 간격을 두어 양쪽으로 호흡이 들어올 수 있게끔 한다.

3. 골반을 고정한 상태에서 무릎만 천천히 바깥으로 열어 주며 옆 엉덩이에 자극을 느낀다.

4. 양쪽 10번씩 시행한다.

◇ 고관절 근력 향상 3: 사이드 레그 리프트

1. 옆으로 누워 머리부터 발뒤꿈치까지 일직선을 유지하며 가슴 앞에 손을 짚는다.
2. 바닥과 허리 사이에 손바닥이 들어갈 정도의 간격을 두어 양쪽으로 호흡이 들어올 수 있게끔 한다.

3. 두 다리를 붙인 상태에서 그대로 들어 올린다.

4. 양쪽 10번씩 시행한다.

◇ 고관절 근력 향상 4: 런지

1. 일어서서 손을 골반에 두고 골반은 정면을 보게 한다.

2. 넓은 보폭으로 한쪽 다리를 한 걸음 앞에 둔다.

3. 두 무릎을 직각으로 굽히며 앉듯이 몸을 내린다. 이때 무릎은 두세 번째 발가락을 향하게 하고 양쪽 발에 무게를 균일하게 싣는다. 머리와 어깨, 뒤쪽에 놓인 무릎이 일직선을 유지하도록 한다.

4. 2초 정도 머물렀다가 골반과 허리의 정렬을 유지하며 천천히 일어
   난다.

5. 양쪽 10~15번씩 2~3세트를 시행한다.

  Tip! 근력 강화를 원한다면 한 세트당 횟수는 줄이고 세트 수는 늘린다.

◇ 고관절 협응성 향상: 런지 하이니

1. 런지 자세를 취한다.

2. 뒤쪽 다리를 앞으로 가져와 서서 무게중심을 잡는다.

3. 다시 런지 자세로 돌아온다.

4. 양쪽 10~15번씩 2~3세트를 시행한다.

코어 및 상지 운동

상지와 코어, 그리고 하지 부상의 관계는 매우 밀접하므로 주기적인 트레이닝을 통한 코어 안정성 확보와 근력 강화가 필수적이다. 필라테스에서 '파워 하우스power house', 즉 힘이 나오는 원천이라고도 불리는 코어core 근육은 몸의 중심부를 뜻하며, 척추와 골반을 연결하는 척추 주변 근육이다. 힘을 쓰는 겉 근육인 복근, 척추기립근, 장요근 등 하체 근육들과 자세 유지를 돕는 속 근육 중 가장 심부 근육인 복횡근, 다열근, 횡격막, 골반기저근을 포함한다. 결국 코어 근육은 호흡과도 깊이 연결된다.

복부를 수축하는 호흡법에는 2가지가 있다. 속 근육을 활성화하느냐, 겉 근육도 같이 활성화하느냐로 나뉜다. 먼저, 첫 번째 방법인 할로잉hollowing은 특히 복횡근을 활성화하여 척추 안정화에 도움을 주는 호흡법이다. 복횡근은 코르셋 같은 근육으로, 복부의 가장 깊은 곳에 있다. 할로잉은 필라테스에서 주로 사용하는데, 배꼽을 척추 쪽으로 당기며 위쪽으로 끌어올리는 느낌으로 복부를 수축한다. 주로 심부 근육인 복횡근과 다열근을 활성화한다.

◇ 복부 수축 호흡법 1: 할로잉

1. 배꼽을 척추 쪽으로 가볍게 끌어당긴다는 느낌으로 복부에 힘을 준다. 이때 신체의 다른 곳은 움직이지 않고 복부만 집어넣어야 한다.
2. 아랫배의 힘을 최대한 풀지 않은 상태로 갈비뼈(흉곽)을 이용해 옆으로 벌어지는 호흡을 연습한다.
3. 10초간 같은 자세를 유지하며 호흡한다. 10번씩 2세트를 진행한다.

Tip! 호흡을 들이마실 때도 복부의 힘이 풀리지 않도록 하며 적당히 납작한 배를 유지한다.

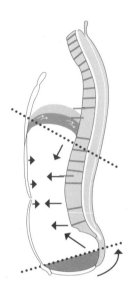

두 번째 방법은 브레이싱bracing이다. 심부 코어 근육과 겉 근육을 동시에 활성화하여 코어 근육을 전반적으로 강화할 수 있다. 웨이트 트레이닝을 할 때 주로 사용하는 호흡법으로, 척추 박사인 맥길McGill 박사가 고안해 냈다. 심부(복횡근, 다열근)와 표면(외복사근, 내복사근)의 코어 근육을 동시에 활성화한다. 허리가 아픈 사람의 경우에는 할로잉을 익숙하게 만든 뒤 브레이싱을 연습하는 것이 좋다.

※ 복부 수축을 한 상태의 호흡 운동은 깊은 호흡에 제한이 있다. 먼저 복식호흡을 통해 몸통 공간에 제한이 없는 호흡법을 연습한 뒤에, 복부에 힘을 주어 공간 사용에 제한이 있는 운동으로 넘어가도록 한다. 단독적인 심부 근육을 사용하는 할로잉을 연습한 후에 순차적으로 브레이싱을 연습하길 추천한다.

◇ 복부 수축 호흡법 2: 브레이싱

1. 배꼽을 척추 쪽으로 가볍게 끌어당긴다는 느낌으로 복부에 힘을 준다.
2. 벨트를 찬 것처럼 복부를 집어넣는 힘을 유지한 채로 복부 전체를 단단하게 만들면서 배를 바깥쪽으로 밀어내며 호흡한다.
3. 10초간 같은 자세를 유지하며 호흡한다. 10번씩 2세트를 진행한다.

Tip! 제대로 힘이 들어가고 있는지 헷갈릴 경우, 가볍게 복부를 두드리면 활성화에 도움을 줄 수 있다.

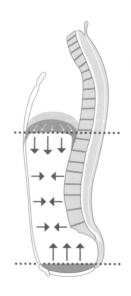

달리기는 3차원의 복합적인 움직임으로, 몸통의 회전이 원활하게 이루어져야 한다. 상체의 힘은 적절히 팔을 흔드는 동작을 통해 달리기에 에너지를 더해 줄 수 있다. 한편 달릴 때는 몸이 자연스럽게 앞으로 기우는데 이때 꼿꼿하게 서 있거나 코어에서 충분히 충격을 흡수해 주지 못할 경우, 허리에 부담이 갈 수 있다. 허리 부상의 위험을 낮추기 위해서는 코어 안정성을 키우는 것이 중요하다. 더 나은 움직임을 위해서는 안

정성 운동과 더불어 다이내믹한 강화 운동도 필요하다. 좋은 자세로 적당히 달리면 허리디스크, 즉 척추 사이 원반의 상태가 개선되는 효과도 있다. 올바른 자세인지 확인하고 큰 근육을 더 활성화할 수 있도록 해야 한다. 추가 코어 운동을 해 주며, 달리는 동안 복근에 힘을 풀지 않도록 노력해 보자.

◇ 코어 스트레칭: 복부 스트레칭

1. 바닥에 엎드려 누운 상태에서 얼굴 옆의 바닥을 짚고 천천히 상체를 위로 일으킨다.
2. 등과 복부의 힘을 단단하게 유지하며 복부를 스트레칭한다.
3. 30초~1분간 자세를 유지한다.

◇ 상지 스트레칭 1: 등 스트레칭

1. 다리를 어깨 넓이로 벌리고 서서 두 팔을 위로 쭉 뻗어 손을 맞잡고 어깨를 들어 올린다.
2. 그대로 몸을 한쪽으로 기울여 옆구리와 등을 늘려 준다.
3. 30초~1분간 자세를 유지하고 반대쪽도 동일하게 시행한다.

◇ 상지 스트레칭 2: 가슴 스트레칭

1. 다리를 어깨 넓이로 벌리고 서서 두 손을 목 뒤에 놓고 머리를 받친다.
2. 팔꿈치를 열면서 가슴을 천장 쪽으로 내민다.
3. 30초~1분간 자세를 유지한다.

◇ 코어 가동범위 향상 1: 골반 중립과 임프린트

1. 등을 바닥에 대고 누운 상태에서 무릎을 세우고 다리를 어깨 넓이로 놓는다.

2. 골반이 바닥과 수평한 상태에서 바닥과 허리 사이에 손가락 하나 정도가 들어갈 정도로 허리의 자연스러운 굴곡을 유지하며 복부에 단단하게 힘을 준다(골반 중립).

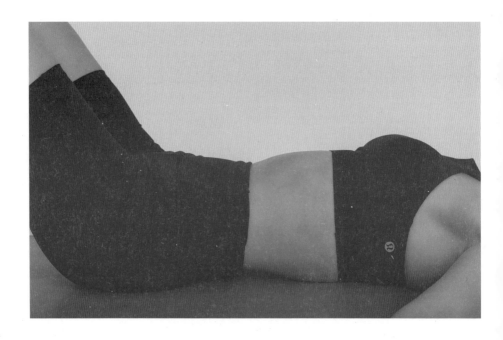

3. 골반을 굴리는 느낌으로 움직여 복부의 힘으로 허리를 바닥에 완전히 붙인다. 이때 허리를 짓누르거나 엉덩이에 힘이 과하게 들어가지 않도록 주의한다(임프린트).

4. 호흡을 유지하며 총 10~15번씩 2~3세트를 반복한다.

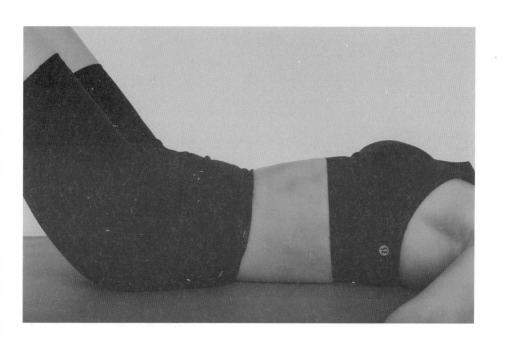

◇ 코어 가동범위 향상 2: 오픈북

1. 바닥에 모로 누워 무릎을 구부리고 두 손을 앞으로 겹쳐 둔다.
2. 위쪽에 놓인 팔을 천천히 들어 어깨가 바닥에 닿을 정도로 몸통을 천천히 돌린다.

3. 무릎은 최대한 붙인 상태로 유지하며 다시 천천히 시작 자세로 돌아온다.

4. 양쪽 20번씩 시행한다.

◇ 상지 가동범위 향상 1: 몸통 트위스트

1. 다리를 어깨 넓이로 벌리고 서서 팔을 양 옆으로 들어 올린다.

2. 오른쪽 무릎을 구부려 다리를 들어 올리면서 오른쪽으로 몸통을 회전한다. 이때 시선도 함께 오른쪽으로 따라간다.

3. 양쪽 20번씩 시행한다.

◇ 상지 가동범위 향상 2: 팔꿈치 모았다가 열기

1. 다리를 어깨 넓이로 놓고 팔꿈치를 접어 어깨 높이로 들어 올린다.
2. 팔꿈치가 직각이 되도록 하고 문을 닫는 느낌으로 얼굴 앞쪽에서 양 팔의 팔꿈치와 새끼손가락이 서로 맞닿도록 붙인다.

3. 다시 문을 여는 느낌으로 팔꿈치를 열어 준다.

4. 같은 동작을 20번 시행한다.

◇ 코어 근력 향상 1: 데드버그

1. 등을 바닥에 대고 누워 골반 중립 상태로 골반이 바닥에 수평하도록 한다.
2. 다리를 들어 올리고 무릎을 90도로 구부린 상태로 손을 뻗어 손끝을 천장으로 향하게 한다.

3. 복부 힘을 유지하면서 팔과 다리를 천천히 교차로 멀리 뻗었다가 호흡을 뱉으며 제자리로 돌아온다.

4. 척추의 움직임에 집중하며 한쪽에 8번씩 같은 동작을 시행한다.

◇ 코어 근력 향상 2: 브릿지

1. 등을 바닥에 대고 누워 골반 중립 상태로 골반이 바닥에 수평하도
   록 한다.
2. 골반 중립에서 임프린트 동작으로 연결하며 넘어간다. 허리는 바닥
   으로 붙이고 엉덩이는 힘을 주어 위로 올린다. 이때 움직임에 집중
   하여 골반과 척추를 분절해 본다.

3. 갈비뼈가 너무 들리지 않도록 주의하며 무릎부터 머리까지 일직선
   이 되도록 유지한다.
4. 같은 동작을 5번 시행한다.

◇ 코어 근력 향상 3: 플랭크 로테이션

1. 바닥에 무릎과 팔꿈치를 대고 엎드린다.
2. 그 상태에서 무릎을 펴고 골반의 중립을 유지하며 복부의 힘으로
   버틴다.

3. 한쪽 무릎을 살짝 구부려 안쪽으로 향하면서 몸통을 비튼다.

4. 양쪽 10~15번씩 2~3세트를 시행한다.

◇ 코어 근력 향상 4: 사이드 플랭크 업다운

1. 옆으로 누운 상태에서 몸 밑에 놓인 팔을 굽힌다.

2. 굽힌 팔의 팔꿈치로 몸을 지탱하면서 그대로 골반을 위로 들어 올리고 버틴다.

3. 양쪽 10~15번씩 2~3세트를 시행한다.

◇ 상지 근력 향상 1: 무릎 대고 푸시업

1. 바닥에 무릎을 접어서 대고 손은 어깨 바로 밑의 바닥을 짚어 손의
   위치가 가슴과 일직선상에 오게 한다.
2. 어깨부터 무릎까지 일직선이 되도록 허리가 꺾이지 않게 복부에 힘
   을 주어 골반의 중립을 유지한다.

3. 천천히 팔꿈치를 구부려 몸통이 바닥과 수평하게 가까워지게 한다..

4. 팔을 펴면서 가슴의 힘으로 빠르게 상체를 들어 올린다.

5. 총 10~15번씩 2~3세트를 시행한다.

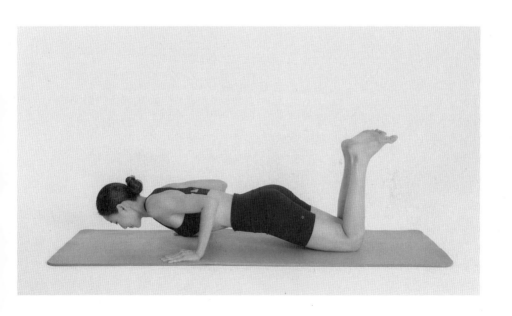

◇ 상지 근력 향상 2: 슈퍼맨 팔꿈치 당기기

1. 엎드린 상태에서 복부에 힘을 풀지 않고 가슴을 살짝 들어 올린다.
2. 만세하며 상체를 조금 더 들어 올리고 등의 힘으로 팔꿈치를 뒤로 끌어당긴다.

3. 자세를 유지하며 팔 동작을 8번 시행한다.

◇ 코어 협응성 향상: 롤링 라이크 어 볼

1. 바닥에 앉아 무릎을 접어 가슴쪽으로 끌어당기며 공처럼 몸을 둥글 게 만든다. 시선은 배꼽에 고정한다.
2. 상체의 긴장을 풀고 몸을 둥글게 만 상태를 유지하며 뒤로 구른다. 이때 머리가 바닥에 닿지 않도록 복부에 힘을 단단히 준다.

3. 다리를 차지 않고 접은 상태를 고정하며 복부의 힘으로 굴러 시작 자세로 돌아온다.
4. 같은 동작을 6번 시행한다.

◇ 상지 협응성 향상: 스위밍

1. 바닥에 엎드려서 어깨에 힘을 풀고 두 팔과 다리를 위로 천천히 들어 올린다.
2. 복부에 단단히 힘을 준 상태에서 물속에서 수영하듯이 팔다리를 교차로 들어 올린다. 이때 몸통이 흔들리지 않도록 주의한다.
3. 양쪽을 한 번씩 들어 올렸을 때를 1번으로 보고 총 20번 시행한다.

◇ 전신 협응 시퀀스

1. 다리를 어깨 넓이로 벌리고 선 뒤 오른쪽 발을 한 걸음 앞으로 내딛는다. 이때 발은 뒤꿈치부터 닿도록 한다.

2. 뒤에 놓인 왼쪽 다리를 쭉 뻗어 들어 올리고 상체를 앞으로 숙여 왼손으로 오른쪽 무릎을 터치하면서 몸이 T자가 되도록 만든다.

3. 오른손은 바깥쪽으로 멀리 뻗는다. 시선은 오른손을 따라가면서 몸통을 트위스트한다.

4. 몸통이 다시 정면을 보도록 돌리면서 왼쪽 무릎을 가슴쪽으로 당긴다. 동시에 오른손으로 왼쪽 무릎을 잡고 왼손은 바깥쪽으로 뻗는다. 시선은 왼손을 따라가면서 몸통을 반대로 트위스트한다.

5. 양쪽 10~15번씩 2~3세트를 시행한다.

피로도 줄이기

이전에 신체 활동 자체를 많이 안 했던 사람이라면 천천히 달리기만으로도 몸에 엄청난 스트레스가 될 수 있다. 그러다 보면 운동 다음날에는 몸의 피로도가 증가하는데, 이것을 방지하는 방법이 있다. 운동 후의 정적스트레칭과 피로도를 줄이는 식습관 그리고 충분한 휴식과 수면이다.

◇ 피로도를 줄이는 식습관

달리기 전에 수분 섭취가 너무 과하면 오히려 달릴 때 불편할 수 있다. 달리기 전에도 평소와 비슷한 양의 물을 마시자. 1시간 이상 장거리를 달리거나, 날씨가 더운 경우에는 달리던 중 갈증이 생기기 전에 전해질이 포함되어 있는 이온음료를 여러 번에 나누어 80ml~120ml의 소량을 마시길 추천한다. 또한 달린 후에 30분 이내로 수분을 섭취하자.

평소 다양한 색깔의 과일과 채소, 특히 베리류를 즐겨 먹는 것도 좋다. 이러한 음식들은 몸이 산성화되는 것을 막아 주는 항산화 작용을 한다. 파인애플 주스와 생강차는 관절의 염증을 줄여 주고, 강황 가루의 커큐민은 몸 안의 염증을 낮춰 준다. 가볍게 달리기를 한 뒤 신선한 주스를 한 잔 마시면 몸 안의 세포들이 하나하나 기분 좋게 깨어날 것이다.

◇ 체력 보충을 위한 수면

수면은 우리의 건강과 활기찬 생활에 밀접한 관련이 있다. 사람마다 적당한 수면 시간에는 차이가 있겠지만 보통 6~11시간이 적당하다고 알려져 있다. 수면 시간이 줄어들수록 부상 확률이 높아진다. 운동 전 그날 수면의 질을 체크하고 운동 강도를 적절히 설정하는 것이 부상 예방에 도움이 된다.

수면을 충분히 취하지 못한 날에 고강도의 운동을 하는 것은 몸을 혹사시킨다. 그런 날은 빠르게 달리기를 건너뛰고, 대신 몸을 회복하는 천천히 달리기를 하는 편이 낫다. 하고 나면 개운한 기분이 들고 잠에 잘 들 수 있을 것 같은 느낌이 들 것이다. 야근을 하며 밤을 새워서 천천히 달리기도 힘든 경우라면 빠르게 걷기로 대체할 수도 있다. 그마저도 고되게 느껴지는 날에는 차라리 휴식을 택하고 가벼운 스트레칭을 해 주길 권한다.

에필로그

토끼와 거북이의 경주에서 누가 먼저 도착했을까?

거북이가 끝까지 페이스를 잘 유지했다 하더라도, 자신에게 맞는 강도로 꾸준히 운동량을 높여 가며 평소 충분한 운동 자극을 주지 않았다면 체력은 다시 떨어졌을 것이다.

생명이 있는 모든 것은 움직이고, 움직임은 살아있다는 증거이다. 천천히 달리기는 생명의 힘을 위한 움직임이라고 말할 수 있다.

나는 자주 춤을 추듯 천천히 달리기를 한다. 천천히 달리기를 하면서 마음의 평정을 찾고 몸과 마음에 여유를 얻는다. 천천히 달리기를 통해 정신적으로도, 신체적으로도 많이 성장했다.

우리는 속도가 중요한 시대에 살고 있다. 모든 것이 너무나도 빠르게 돌아간다. 이러한 시대에 필요한 민감성과 유연성을 가지고 살아가기 위해서 어떤 훈련이 필요할까를 생각해 보게 된다. 나는 다른 사람들에 비해 좀 느린 편이다. 어쩌면 이런 점이 천천히 달리기라는 운동을 더 잘 받아들일 수 있었던 계기였는지도 모르겠다.

누구에게나 자신을 더 나은 상태로 만들어 주는 것들이 필요하다. 나에게는 그것이 '천천히 달리기'였다. 달리기에는 별 관심도 없던 내가 천천히 달리기를 시작하며 느끼게 된 좋은 점들을 알리기 위해 책도 쓰게 되었다. 꿈에도 생각지 못했던 일이었다.

느려도 괜찮다. 이 책은 천천히 달리기가 슬로우 푸드처럼 삶에 진정한 영양을 줄 수 있기를 바라는 마음으로 썼다.

나는 춤을 추면서도, 운동을 하면서도 늘 누군가보다 더 나은 점수를 받기 위한 경쟁 속에 있었기 때문에 진정으로 그것을 즐겨 본 적이 없다. 그러던 중 호주에서 잠시 살게 되면서 활기차게 움직이는 사람들, 해변을 달리고 철봉에 매달리며 어려서부터 온몸으로 운동을 즐기는 그들의 생활을 보게 되었다. 그 모습을 보며 나는 왜 진즉 이렇게 움직임을 즐기면서 살지 못했을까 하는 안타까운 마음이 들었다.

지금 나는 호주의 본다이비치 해변에서 이 책의 마무리를 하고 있다. 갈매기가 유유히 먹이를 찾아 날아다니는 모래사장에서 러닝복을 입은 여자가 나를 앞질러 달려간다. 앞에서는 웃통을 벗은 한 남자가 천천히 달려 오고 있다. 나도 달린다. 천천히, 여유롭게.

무사히 이 책의 마무리를 할 수 있어서 기쁘다. 많은 사람들이 달리기를 통해서 오래도록, 질병도 거뜬히 이기면서 힘차게 살아갈 수 있었으면 좋겠다.

삶의 체력을 키우는 방법이 단 한 가지만 있는 것은 아니다. 여러 가지 방법을 시도해 보면서 자신에게 진짜 좋은 것을 찾아 행복해지기를 바란다.

부록-운동 습관 만들기 체크리스트

나의 천천히 달리기 심박대는　　　~　　　이다.

달리기를 하고 아래의 표에 체크하세요!

첫째 달

월	화	수	목	금	토	일

둘째 달

월	화	수	목	금	토	일

셋째 달

월	화	수	목	금	토	일

참고 문헌

Part 1

핫타 히데오, 젖산을 활용한 스포츠트레이닝, 라이프사이언스, 2017

Desmond morris, The naked ape, 1994

Wallace IJ, Hainline C, Lieberman DE. Sports and the human brain: an evolutionary perspective. Handb Clin Neurol. 2018;158:3-10.

Lee D, Son JY, Ju HM, Won JH, Park SB, Yang WH. Effects of Individualized Low-Intensity Exercise and Its Duration on Recovery Ability in Adults. Healthcare (Basel). 2021 Mar 1;9(3):249.

Lee SW, Lee J, Moon SY, Jin HY, Yang JM, Ogino S, Song M, Hong SH, Abou Ghayda R, Kronbichler A, Koyanagi A, Jacob L, Dragioti E, Smith L, Giovannucci E, Lee IM, Lee DH, Lee KH, Shin YH, Kim SY, Kim MS, Won HH, Ekelund U, Shin JI, Yon DK. Physical activity and the risk of SARS-CoV-2 infection, severe COVID-19 illness and COVID-19 related mortality in South Korea: a nationwide cohort study. Br J Sports Med. 2022 Aug;56(16):901-912.

Piercy KL, Troiano RP, Ballard RM, Carlson SA, Fulton JE, Galuska DA, George SM, Olson RD. The Physical Activity Guidelines for Americans. JAMA. 2018 Nov 20;320(19):2020-2028.

Yang WH, Park H, Grau M, Heine O. Decreased Blood Glucose and Lactate: Is a Useful Indicator of Recovery Ability in Athletes? Int J Environ Res Public Health. 2020 Jul 29;17(15):5470.

Chen YT, Hsieh YY, Ho JY, Lin TY, Lin JC. Two weeks of detraining reduces cardiopulmonary function and muscular fitness in endurance athletes. Eur J Sport Sci. 2022 Mar;22(3):399-406.

Hwang J, Moon NR, Heine O, Yang WH. The ability of energy recovery in professional soccer players is increased by individualized low-intensity exercise. PLoS One. 2022 Jun 30;17(6):e0270484.

Bauer N, Sperlich B, Holmberg HC, Engel FA. Effects of High-Intensity Interval Training in School on the Physical Performance and Health of Children and Adolescents: A Systematic Review with Meta-Analysis. Sports Med Open. 2022 Apr 11;8(1):50.

Mihl C, Dassen WR, Kuipers H. Cardiac remodelling: concentric versus eccentric hypertrophy in strength and endurance athletes. Neth Heart J. 2008 Apr;16(4):129-33.

Part 2

Physiology of sport and exercise, W. Larry Kenny, 2005

Brooks GA. The Science and Translation of Lactate Shuttle Theory. Cell Metab. 2018 Apr 3;27(4):757-785.

Sahlin K, Harris RC, Nylind B, Hultman E. Lactate content and pH in muscle obtained after dynamic exercise. Pflugers Arch. 1976 Dec 28;367(2):143

Karnib N, El-Ghandour R, El Hayek L, Nasrallah P, Khalifeh M, Barmo N, Jabre V, Ibrahim P, Bilen M, Stephan JS, Holson EB, Ratan RR, Sleiman SF. Lactate is an antidepressant that mediates resilience to stress by modulating the hippocampal levels and activity of histone deacetylases. Neuropsychopharmacology. 2019 May;44(6):1152-1162.

Yang, W.-H.; Park, J.-H.; Park, S.-Y.; Park, Y. Energetic Contributions including Gender Differences and Metabolic Flexibility in the General Population and Athletes. Metabolites 2022, 12, 965. https://doi.org/10.3390/ metabo12100965

Zapata-Lamana R, Henríquez-Olguín C, Burgos C, Meneses-Valdés R, Cigarroa I, Soto C, Fernández-Elías VE, García-Merino S, Ramirez-Campillo R, García-Hermoso A, Cerda-Kohler H. Effects of Polarized Training on Cardiometabolic Risk Factors in Young Overweight and Obese Women: A Randomized-Controlled Trial. Front Physiol. 2018 Sep 18;9:1287.

Böhm M, Reil JC, Deedwania P, Kim JB, Borer JS. Resting heart rate: risk indicator and emerging risk factor in cardiovascular disease. Am J Med. 2015 Mar;128(3):219-28.

Mihl C, Dassen WR, Kuipers H. Cardiac remodelling: concentric versus eccentric hypertrophy in strength and endurance athletes. Neth Heart J. 2008 Apr;16(4):129-33.

Butterworth KT, McCarthy HO, Devlin A, Ming L, Robson T, McKeown SR, Worthington J. Hypoxia selects for androgen independent LNCaP cells with a more malignant geno- and phenotype. Int J Cancer. 2008 May 29.

Fang JS, Gillies RD, Gatenby RA. Adaptation to hypoxia and acidosis in carcinogenesis and tumor progression. Semin Cancer Biol. 2008 Mar 26. [Epub ahead of print]

Palkhivala A. Exercise may reduce fatigue, nausea associated with adjuvant breast cancer therapy. Available at: http://doctor.medscape.com/viewarticle/555777. Accessed June 9, 2008.

Senchina DS, Kohut ML. Immunological outcomes of exercise in older adults.Clin Interv Aging. 2007;2(1):3-16.

Kim SD, Kim HS. A series of bed exercises to improve lymphocyte count in allogeneic bone marrow transplantation patients. Eur J Cancer Care (Engl). 2006 Dec;15(5):453-7.

Hutnick NA, Williams NI, Kraemer WJ, Orsega-Smith E, Dixon RH, Bleznak AD, Mastro AM. Exercise and lymphocyte activation following chemotherapy for breast cancer. Med Sci Sports Exerc. 2005 Nov;37(11):1827-35.

Zielinski MR, Muenchow M, Wallig MA, Horn PL, Woods JA. Exercise delays allogeneic tumor growth and reduces intratumoral inflammation and vascularization. J Appl Physiol. 2004; 96(6):2249-56.

Jonsdottir IH, Hoffmann P. The significance of intensity and duration of exercise on natural immunity in rats. Med Sci Sports Exerc. 2000 Nov;32(11):1908-12

Yun L, Fagan M, Subramaniapillai M, Lee Y, Park C, Mansur RB, McIntyre RS, Faulkner GEJ. Are early increases in physical activity a behavioral marker for successful antidepressant treatment? J Affect Disord. 2020 Jan 1;260:287-291.

Oppezzo M, Schwartz DL. Give your ideas some legs: the positive effect of walking on creative thinking. J Exp Psychol Learn Mem Cogn. 2014 Jul;40(4):1142-52.

Part 3

Chtara M, Chamari K, Chaouachi M, Chaouachi A, Koubaa D, Feki Y, Millet GP, Amri M. Effects of intra-session concurrent endurance and strength training sequence on aerobic performance and capacity. Br J Sports Med. 2005 Aug;39(8):555-60.

Treff G, Winkert K, Sareban M, Steinacker JM, Sperlich B. The Polarization-Index: A Simple Calculation to Distinguish Polarized From Non-polarized Training Intensity Distributions. Front Physiol. 2019 Jun 12;10:707.

Van Hooren B, Fuller JT, Buckley JD, Miller JR, Sewell K, Rao G, Barton C, Bishop C, Willy RW. Is Motorized Treadmill Running Biomechanically Comparable to Overground Running? A Systematic Review and Meta-Analysis of Cross-Over

Studies. Sports Med. 2020 Apr;50(4):785-813.

Tanaka H, Monahan KD, Seals DR. Age-predicted maximal heart rate revisited. J Am Coll Cardiol. 2001 Jan;37(1):153-6.

Cicone ZS, Holmes CJ, Fedewa MV, MacDonald HV, Esco MR. Age-Based Prediction of Maximal Heart Rate in Children and Adolescents: A Systematic Review and Meta-Analysis. Res Q Exerc Sport. 2019 Sep;90(3):417-428.

핫타 히데오, 젖산을 활용한 스포츠트레이닝, 라이프사이언스, 2017

Hébert-Losier K, Wessman C, Alricsson M, Svantesson U. Updated reliability and normative values for the standing heel-rise test in healthy adults. Physiotherapy. 2017 Dec;103(4):446-452.

Neumann, Kinesiology of the musculoskeletal system: foundations for rehabilitation, Elsevier Health Sciences, 2016

Malisoux L, Delattre N, Urhausen A, Theisen D. Shoe cushioning, body mass and running biomechanics as risk factors for running injury: a study protocol for a randomised controlled trial. BMJ Open. 2017 Aug 21;7(8):e017379.

Malisoux L, Theisen D. Can the "Appropriate" Footwear Prevent Injury in Leisure-Time Running? Evidence Versus Beliefs. J Athl Train. 2020 Dec 1;55(12):1215-1223.

Saragiotto BT, Yamato TP, Hespanhol Junior LC, Rainbow MJ, Davis IS, Lopes AD. What are the main risk factors for running-related injuries? Sports Med. 2014 Aug;44(8):1153-63.

Sanfilippo D, Beaudart C, Gaillard A, Bornheim S, Bruyere O, Kaux JF. What Are the Main Risk Factors for Lower Extremity Running-Related Injuries? A Retrospective Survey Based on 3669 Respondents. Orthop J Sports Med. 2021 Nov 18;9(11):23259671211043444.

Williams DS 3rd, McClay IS, Hamill J. Arch structure and injury patterns in runners. Clin Biomech (Bristol, Avon). 2001 May;16(4):341-7.

Lauersen JB, Bertelsen DM, Andersen LB. The effectiveness of exercise interventions to prevent sports injuries: a systematic review and meta-analysis of randomised controlled trials. Br J Sports Med. 2014 Jun;48(11):871-7. doi: 10.1136/bjsports-2013-092538. Epub 2013 Oct 7. PMID: 24100287.

Kluitenberg B, van Middelkoop M, Diercks R, van der Worp H. What are the Differences in Injury Proportions Between Different Populations of Runners? A Systematic Review and Meta-Analysis. Sports Med. 2015 Aug;45(8):1143-61.

Buist I, Bredeweg SW. Higher risk of injury in overweight novice runners. British Journal of Sports Medicine. 2011;45(4), 338-338.

Anandacoomarasamy A, Barnsley L. Long term outcomes of inversion ankle injuries. Br J Sports Med. 2005 Mar;39(3):e14; discussion e14.

Son SJ, Kim H, Seeley MK, Hopkins JT. Altered Walking Neuromechanics in Patients With Chronic Ankle Instability. J Athl Train. 2019 Jun;54(6):684-697.

Powden CJ, Hoch JM, Hoch MC. Reliability and minimal detectable change of the weight-bearing lunge test: A systematic review. Man Ther. 2015 Aug;20(4):524-32.

McKeon PO, Hertel J, Bramble D, Davis I. The foot core system: a new paradigm for understanding intrinsic foot muscle function. Br J Sports Med. 2015 Mar;49(5):290.

Kelly LA, Farris DJ, Cresswell AG, Lichtwark GA. Intrinsic foot muscles contribute to elastic energy storage and return in the human foot. J Appl Physiol (1985). 2019 Jan 1;126(1):231-238.

Matias AB, Watari R, Taddei UT, Caravaggi P, Inoue RS, Thibes RB, Suda EY, Vieira MF, Sacco ICN. Effects of Foot-Core Training on Foot-Ankle Kinematics and Running Kinetics in Runners: Secondary Outcomes From a Randomized Controlled Trial. Front Bioeng Biotechnol. 2022 Apr 14;10:890428.

De Blaiser C, Roosen P, Willems T, Danneels L, Bossche LV, De Ridder R. Is core stability a risk factor for lower extremity injuries in an athletic population? A systematic review. Phys Ther Sport. 2018 Mar;30:48-56.

Leetun DT, Ireland ML, Willson JD, Ballantyne BT, Davis IM. Core stability measures as risk factors for lower extremity injury in athletes. Med Sci Sports Exerc. 2004 Jun;36(6):926-34.

Hibbs AE, Thompson KG, French D, Wrigley A, Spears I. Optimizing performance by improving core stability and core strength. Sports Med. 2008;38(12):995-1008.

100년 체력을 위한 달리기 처방전

천천히 달리기의 과학

초판 발행 2023년 2월 13일
1판 3쇄 2024년 8월 20일
펴낸곳   현익출판
발행인   현호영
지은이   이슬기
감   수 손성준, 양우휘
편   집 황현아
디자인   오미인, 임림
전   화 02.337.7932
팩   스 070.8224.4322
주   소 서울 마포구 월드컵북로58길 10, 더팬빌딩 9층

ISBN 979-11-92143-75-0

좋은 아이디어와 제안이 있으시면 출판을 통해 더 많은 사람에게 영향을 미치시길 바랍니다.
✉ uxreviewkorea@gmail.com